阅

阅读成就思想……

Read to Achieve

写作即思考

在写作中训练你的思维能力

[英] 凯瑟琳·麦克米兰（Kathleen McMillan）
乔纳森·魏尔斯（Jonathan Weyers）◎著
草沐 理容◎译

How to Improve Your Critical Thinking & Reflective Skills

中国人民大学出版社
· 北京 ·

图书在版编目（CIP）数据

写作即思考 : 在写作中训练你的思维能力 / (英) 凯瑟琳·麦克米兰 (Kathleen McMillan) , (英) 乔纳森·魏尔斯 (Jonathan Weyers) 著 ; 草沐, 理容译. -- 北京 : 中国人民大学出版社, 2020.8
ISBN 978-7-300-28430-9

Ⅰ. ①写… Ⅱ. ①凯… ②乔… ③草… ④理… Ⅲ. ①写作学 Ⅳ. ①H05

中国版本图书馆CIP数据核字(2020)第139838号

写作即思考：在写作中训练你的思维能力

［英］凯瑟琳·麦克米兰 乔纳森·魏尔斯 著

草 沐 理 容 译

Xiezuo Ji Sikao：Zai Xiezuozhong Xunlian Ni de Siwei Nengli

出版发行	中国人民大学出版社		
社　　址	北京中关村大街 31 号	**邮政编码**	100080
电　　话	010-62511242（总编室）		010-62511770（质管部）
	010-82501766（邮购部）		010-62514148（门市部）
	010-62515195（发行公司）		010-62515275（盗版举报）
网　　址	http：//www.crup.com.cn		
经　　销	新华书店		
印　　刷	天津中印联印务有限公司		
规　　格	148mm×210mm　32 开本	**版　　次**	2020 年 8 月第 1 版
印　　张	7.875　插页 1	**印　　次**	2024 年 8 月第 9 次印刷
字　　数	190 000	**定　　价**	69.00 元

请不要把你的思考能力交给算法

经常有人问我一个问题：我总是不能清晰表达自己的想法和观点，怎么办？

我的回答往往是：请试着把你想说的话先写下来。

只有形成文字的表达，才能作为一个内容去评估它的质量，观点是否明确，事实是否可靠，论证是否合理，只要不形成文字，大家往往会把注意力从一个争吵点跳跃到另外一个争吵点，最后彼此一肚子气，问题还没有解决。

那是不是写下来问题就解决了呢？

不是，写下来只是让你有机会暴露问题。要解决问题，我们还得对自己思考问题的习惯进行训练。

举一个最简单的例子，如果我们经过思维训练，在我们听取别人的信息时，接收模式是这样的：

1. 他要表达的观点是什么？
2. 他罗列了哪些论据来支持他的观点？
3. 这些论据可靠吗？何以见得？
4. 他的逻辑有问题吗？是什么问题？

5. 他想通过表达这些观点获得什么好处？
6. 我应该如何回应他的观点？
7. 我有什么风险需要考虑吗？

如果反复训练，我们可以在很短时间内按照上面这个结构化提纲，梳理出别人讲话的核心含义，读懂背后的潜台词，并思考自己可以采取的应对策略。如果我们非常熟悉这样的思考问题模式，我们就能在很短时间内给出一个反应，从而给人充满判断力的印象。否则我们就容易犹疑，需要反复确认别人的信息，给人抓不住重点，缺乏决策能力的印象。

不会表达，不会沟通，不会写作，不会做 PPT，其实都不仅仅是表达、沟通、写作、PPT 技能出了问题，而是你缺乏有效的思考问题的能力。

本来我们应该在大学本科阶段反复训练这种思考能力，让我们可以做出独立的判断，但我们知道很多人宁可把这种思考能力简化为依赖搜索引擎，去图书资料里找一个看起来还不错的答案，而不是尝试着训练自己的大脑，使其真正具备思考能力。

这就是人类在云时代的悲剧，我们被算法推荐了越来越多我们想看和不想看的信息，我们的大脑正变得越来越懒，把思考能力交给了算法，我们对世界的理解也越来越简单粗暴，点赞，转发，情绪化评论，这真的是我们接受教育期盼得到的结果？

如果一个人不能打开自己的格局，给他再多的信息，他也只会一遍遍选择自己愿意接受或想象中的事实。

一个人格局的打开，前提必须是严格训练自己的大脑，让自己的大脑能够理性思考问题。如果我们没有批判性思维，没有反思性思维，没有创造性思维，谈什么格局？我们根本跟不上时代就是结局。

《写作即思考：在写作中训练你的思维能力》这本书提供了一个很好的可能性，用写作的方法帮我们快速提高自己的思维能力，包括评估自己和他人的想法，阐述创意，提供解决问题的方法，还有确定行动的优先级，这都是非常非常棒的事情。

希望这本书给每一个想真正训练自己大脑的人以新的启发，对的帮助。

秋叶

秋叶 PPT、秋叶商学院创始人

中欧商学院私享会导师

畅销书作家

前言

我们很高兴你选择阅读《写作即思考：在写作中训练你的思维能力》一书，希望这本书能让你对日常生活中所运用的思维过程有更深刻的理解。本书包含了一系列的窍门和建议来帮助你发展相关的技巧。其中包括：系统思维（当需要用到逻辑方法时）；反思性思维（当进行自我分析时）；以及创造性思维（当你需要表现出创新性的时候）。我们将尽可能地使本书更加实用和易读，尽量避开学术性论述，带着你领略思维运用的整个过程。在本书中，我们还将帮助你分析他人的想法，以及用语言来表达你自己的想法，并向你展示如何充分利用来自他人的反馈，以及如何让潜在雇主了解你的思维能力。总之，我们希望本书能满足你的需要——不论你的经历和背景如何。

如何运用本书

本书每一章的组织和构思都尽量做到清晰和简洁。各章都是独立的，你可以从头至尾通读本书，也可以分几部分阅读，或者根据你的需要浏览其中具体的章节。

为了帮助你轻松理解关键的概念，书中运用了标题和项目列表来使得你方便找到需要的内容，还有图表、表格和方框，补充正文的内容。其中方框有三种类型：

关键建议：强调我们认为对你格外有用的关键建议。

信息框：为你提供额外的信息，通过例子和定义来拓展你的理解。

疑问框：提出一些问题，引导你就该话题进行更深层次的思考。

实用小贴士：在每章的末尾会有一个实用小贴士，提供关于行动的额外建议。你应当把这视为一个菜单，从中选择吸引你和符合你的学习风格的想法。

现在就开始行动吧：提供了后续行动的三项建议。

由衷的致谢

在本书的写作过程中，许多人做出了贡献，在此我们一并表达衷心的感谢。比如多年来我的许多学生帮助检验了书中的想法，尤其是我们曾指导或评估过其书面作业的学生。感谢为我们提供了直接或间接帮助的同事和朋友们，以及来自其他大学的同仁们，正是他们让我们能自主地走在这条学术之路上。同时，我们也得到了培生教育出版社的出色建议和支持。最后，感谢给予我们一如既往的支持和帮助的、充满热情的家人们。

H
O
W to Improve
Your Critical
Thinking &
Reflective
Skills

目录

04

第四部分 评估他人的观点

05

第五部分 用写作表达你的想法

06

第六部分 前瞻思维

第一部分

HOW to Improve Your Critical Thinking & Reflective Skills

引言

H
O
W to Improve Your Critical Thinking & Reflective Skills

第 1 章

思考的关键概念与过程

我们在进行日常思考时，并没有真正思考我们在做什么。然而，在学术情境下，更深入地理解包括反思和创造性思维在内的各种思维模式，能使我们受益匪浅。洞悉相关的思考概念和技巧，有助于我们改进学习。此外，卓越的思考能力也会受到雇主们的高度重视，因为这些特质在日常沟通和工作中是必不可少的。

更深刻地理解你是如何思考和反思的，将有助于你在工作和学习中更加自信，并确保你取得更好的表现。越来越多的人期望能够通过他们的学习成绩单、简历和求职信来使潜在雇主们确信，他们能够证明自己在这个领域的能力。

什么是批判性思维

批判性思维对于不同的人有着不同的含义。这个词通常被用于描述分析问题和解决问题的能力。“批判性”这个词意味着，你的智慧被运用到一个具体的议题或者难题上，并且权衡各种选择是这个过程必不可少的组成部分。

i

批判性思维是：

- 尖锐的，看透复杂性和模糊之处；

- 有逻辑的，朝着明确的立场部署证据；
- 深刻的，涉及更高水平的分析、综合和判断的能力。

批判性思维不是：

- 杂乱无章的，一堆想法的随意集合；
- 有偏见的，忽视议题的某一方面的证据；
- 没有事实根据的，没有考虑证据。

批判性思维被应用在许多不同的情境中，例如，在写作时以及在处理个人问题时的观点交换。本书的焦点主要放在批判性思维在学术场景中的运用，诸如论文写作、研究、解决问题以及考试。然而，更重要的是要认识到批判性思维在其他场景中的价值，尤其是将你学到的思维技巧运用到工作场所。

批判性思维和批判

学术领域对“批判”（criticism）一词的运用，与普通大众的理解不同。在后一种情况中，动词“批判”（to criticise）很常见的是带有否定的含义，例如在寻找错误时。我们需要认识到在学术领域中的情况并非如此。在学术氛围中，“批判”的意思是，看到（和解释）一个议题的正面和负面两个方面。这样做的目的是达成（和讨论）对一个议题的平衡，而非片面的观点。

以下一些例子说明了可能需要批判性思维的情形。

个人决策

- 你决定购买一款新手机：你需要调查市场并将所有备选手机的特色与它们的成本进行权衡，考虑你的预算支出。
- 你希望选择一项新的课外活动：在选择之前，你可能要考虑你的兴趣和动机、你能投入的时间以及从参与这项活动中你能够获得什么，并对此进行权衡。

- 你需要申请一份兼职工作来增加你的收入：这或许涉及评估你能得到的职位是否匹配你的经验和技能，考虑工作地点、工作时间和薪资对你的学习、人际关系和个人简历带来的潜在影响。

学术任务

- 在准备上辅导课时，你对一个具体的议题需要得出一个观点：你需要研究有关的材料，评估其他人的看法，综合你自己的立场，并计划采取什么样的策略来为自己的立场辩护。
- 作为研究的一部分，你可能会遇到一个复杂的数值计算问题：你需要确定这个问题的性质，决定哪些理论可能和有关的数学模型相关，对所提供的数据运用合适的公式，并按照所要求的格式呈现你的答案。
- 考试要求你在有限的时间内写出答案：根据所选的主题，你需要进行头脑风暴，然后聚焦相关之处，确定一个大纲架构并在几分钟内动笔写出来。

以下讲述了三个具体的例子，本书第 2 章将更细致地讨论批判性思维。

1. 个人事务

新学年，朱莉需要租一套公寓。她需要在以下三方面进行权衡：租赁成本、距离大学的远近，以及她个人认为哪些设施重要（例如公寓内必须有浴室）。如果她需要付更多的钱以获得离大学更近的、条件更好的公寓，她需要了解在她有限的预算中需要牺牲什么才能满足此条件。她的方法是制作一张表格，列出涉及她个人要求的重要因素，并评估每一套可租的公寓在不同方面的得分。完成这个表格之后，她决定把表格给她父母看。她向父母解释了她决策的依据，并澄清了她自己的想法以及她希望在自己的学生生活中优先考虑的因素。她已经看准了某个租房区域、公寓类型并做了预算，她现在可以及时提出申请，这样就能获得符合她要求的适当住所。

2. 学术挑战

法布里斯需要在三个星期的时间内就某一论题完成并提交一篇论文，但是他一时感到无从下手，论题要求他针对某一议题捍卫某种具体的观点。他需要组织他的写作内容，细分写作任务并合理分配时间，尤其是需要为此论题制订一个广泛阅读的计划，以掌握所涉及的语言和概念，并了解其他人对此论题和类似论题是如何开展论述的。他留出晚上的时间前往图书馆查阅参考文献，以思维导图的形式记笔记。这帮他梳理了有关该论题的各种理论学派的著说。之后他运用这些笔记搭建了自己的论文大纲，并将他个人的观点与其他已经发表的立场进行比较权衡。通过制订这个论文阅读计划，他发现写作该论文本身变得容易很多。

3. 战术决策

凯文在他毕业前的最后一年需要选择一个研究项目。系里已经给了他一个项目清单供他选择。其中一些项目涉及学习如何运用一种特别的研究技术；其他项目涉及与他钦佩的论文导师一起工作；还有一些项目可能让他很感兴趣，但是在出成果方面却是极富挑战性的。他觉得，他应当在那些能激励他的项目，和那些能给他的个人简历添彩并可能帮他找到工作的项目之间加以平衡。于是他列出了潜在项目和导师的名单，然后依次拜访每一位潜在的论文导师，并与之讨论即将涉及的研究及其对他的就业有何帮助。他还与大学的就业指导机构约定了时间讨论就业前景。到这个过程结束时，他对于他的学科状况有了更为细致和广泛的理解，而且，尽管他最终的选择里面存在个人偏好的成分，但是他确信，这个经历能够使他的职业道路更加宽广。

在上述三个例子中，核查事实是思考和决策过程的基础。根据获得的这些信息，来权衡不同方面的利弊。在所有的情况下，决策过程中还包含个人因素。最后，总会产生行动和结果——而如果没有得出结论，思考的努力就会白费。

“反思”的含义是什么

“反思”一词，通常指的是个人评估一个事件或者一段经历，以达到对相关事件和周围情况更深刻的理解。事实上，不断地进行反思已经成为我们生活的一部分：反思对话交流，反思新闻报道，甚至反思我们吃的食物。你可以从中明白，为什么反思被认为是学习过程的一个重要部分。反思是一种个人的行为，必须做到专心致志，尤其是当对反思进行评估时。

反思是：

- 个人的，属于作为个体的你；
- 真实的，是对你私下想法的真实呈现；
- 赋权的，通向新的位置和行动。

反思不是：

- 自我放纵的，推销自我的一种手段；
- 虚假的，展示有关你的感受的错误图景；
- 模仿的，效仿他人的。

以下是一些关于行动中的反思例子。

个人反思

- 一个朋友针对你新买的T恤衫上面的文字发表评论，然后你琢磨，你穿的衣服可能会影响别人对你的看法。
- 你在酒吧中加入一场热烈的讨论，并本能地捍卫一种极端的观点。

后来，你进一步思考了其他的观点以及这些观点的正确性，并因此修正了自己的个人观点。

- 在你观看的某部电影中，其中有一个描述主人公困境的场景引起了你的共鸣：这使得你开始思考，在现实生活场景中，你能否以一种不同的方式处理这种类似状况。

日常行为中的反思

大家都熟悉的一种日常反思体验就是，许多人在每天睡觉前通过非正式的“日终日省”的方式，来确定和回答如下问题：

- 今天发生了什么？
- 我对事情是如何回应的？
- 结果是什么？
- 我的回应可以改善吗？
- 我应该如何做得更好？

尽管这种对当天发生的事进行的反省，缺乏一定之规和系统性，但是它包含了正式的反思过程中所必需的重要元素，并展示出了那些与生俱来的，能够帮助我们更加条理地进行反思，并与他人沟通我们的想法的技巧。

学术反思

- 作为与学生、客户或者患者的职业培训的一部分，要求你针对一次发生在你身上的具体的互动体验（模拟的或者真实的）发表评论，并详细说明你在未来将如何处理类似的情况。
- 作为团队协作练习的一部分，要求你写下有关体验，并就你在其中的投入、你与其他团队成员的互动，以及你在将来会如何与其他人共事发表评论。
- 作为个人发展规划的一部分，要求你检视并评估你在过去这个学年的变化，并为未来确立新目标。

本书的第 3 章将更细致地讨论反思。

反思与批判性思维之间的联系

许多大学老师把反思性写作视为培养学生反思性思维和批判性思维的证据。在评估反思性写作时，他们会期待你是自知的、善于分析并且能够在相关的学术和专业语境中提出自己的想法。

"创造性思维"的含义是什么

词语"创造性"和"独创性"包含着若干意思。在思考的语境下，这些意思包括：

- 新奇：指其他人没有以这种方式思考过；
- 发明：提出一种运用创意、信息或者技术的新方法；
- 想象力：预示着全新的想法或者思维的跳跃；
- 直觉：意味着答案能够自发出现，不需要明显的推理过程；
- 解决问题：说明这个过程能够出现有价值的结果。

创造性思维是：

- 富有想象力的，是独创的和新颖的；
- 特质的，来源广泛但是处于既定模式之外；
- 难以强迫的，因为它往往是自发发生的。

创造性思维不是：

- 常规的，或者遵循既定模式的；
- 效仿他人的，或者模仿的；
- 安全的，因为它总是承载一定的风险成分。

很显然，创造性在艺术领域备受瞩目。在该领域，人们尤其珍视新颖的想法和创新。然而，在其他领域创造性也受到高度重视，而在这些领域，人们往往偏好使用“独创性”一词。典型的创造性解决方案包括：

- 为一个已经广为讨论的议题找到一个新的视角；
- 提出一种新的假说来解释观察到的现象；
- 为电脑应用程序开发程序代码；
- 为工程或者建筑问题找到答案；
- 构思一件新的艺术品；
- 设计一种新的消费品；
- 举出新例子来阐述观点。

许多人发现创造性难以根据需求随时产生，并且创造性往往是不可预见的。然而，人们也认为，把你的头脑放在“对的地方”有助于你产生有创造性的想法。本书第 4 章将讨论促进独创性的几种技巧。

其他思维模式及其相关技巧

在特定学科中，某些特定的思维方式尤显其价值。尽管有些课程可能会聚焦并鼓励某种类型的思维模式，但这有助于你认识到，在你完成每个任务时可能用到的若干种思维模式都基于一种要素，而且这种要素的某些特征和技巧是相通的。

问题解决思维模式

这种思维模式涉及逻辑方法以及对具体情境产生的创造性思维的元素。要求这种思维模式的学科范围很广泛，其中包括那些具有数学成分的学科，如工程学和其他的理科学科，还有设计、计算机技术，以及一些涉及人类问题的学科，如社会工作或者心理学。我们将在第 2 章和第 5 章中探讨相关的思考过程和方法。

科学思考和逻辑思考

在所有的理科学科、医学和法学等学科中，结论完全基于证据和优先权的思考是很常见的。我们将在第 5 章中探讨“科学思考方法”以及相关的证据和证明的概念；第 6 章的内容会涉及推理；而第 7 章中有关数据分析与处理的内容也会涉及类似的技巧。当然，哲学的一个分支就是专门研究逻辑的（鉴于太过专业性，本书中不会涉及此类内容）。

决策思维

这是一种无处不在的思维技巧，在行政和管理中尤其受到人们的重视，因此，这种思维技巧在与商业有关的学科中也得到了进一步发展。当然，人们在学术活动中也有很多机会践行它，例如，在选择论文或项目的题目时，或者在参加课外活动时。我们将在第 8 章中概述决策思维所运用的关键方法以及相关的技巧，诸如制订计划和确定优先次序。

群体思维

这是职业教育学科的一个重要方面，其中团队合作是职业教育的一个重要方面，但是在其他有团队配合的领域，人们也鼓励群体思维。让若干人在一起群策群力，需要理解团队的动机、共情他人的需要，愿意为共同利益做出贡献，以及有时候还需要领导力等个人素质。我们会在第 9 章中涉及这一话题。

与所有思维模式相关的技巧，包括那些涉及研究他人想法的技巧，以及在你自己的写作中合乎道德地对待它们的技巧（详见第 10 章至第 14 章）。另外，你也需要与人交流你的想法，这就要求你具备一系列的写作和编辑技巧（详见第 15 章至第 19 章）。

思维技巧为何如此重要

拥有熟练的思维技巧在当今世界至关重要，这也能丰富你的生活经历。当要对快速变化的复杂事件做出反应时，人们比以往任何时候都更加需要批判性思维，并且信息的大量涌现也意味着，自信而快速地评估证据是必不可少的。要成为当今社会中活跃的一员，你需要快速理解事实和各种数据，以书面或者口头的形式提出自己的观点，并展示令人信服的立场。

尽管你以前或许没有以这种方式思考过教育，但是在进入大学后对完善、测试和评估相关的思考技巧肯定有着最起码的期待。另一种观点是，除非你的批判性思维伴随着每个学习阶段的学习成果而得到提升，否则你在高等教育中的表现将不会符合你及老师们的预期。把反馈考虑在内对于思考过程而言至关重要。

而在职场中，雇主们越来越倾向于为能展现出良好的思维技巧的求职者提供工作，他们认为求职者的思维技巧可以应用到工作场所，并为商业活动增加价值。你需要充分理解这些技巧，以便能够向潜在的雇主有效地展示你的能力。在你的求职申请、简历，以及笔试和面试中会传递出有关这些技巧的证据。我们将在第 21 章中进一步探讨这些内容。

? 雇主们认为哪些批判性思维技巧重要

通常，雇主认为以下这些批判性思维技巧更重要：

- 分析问题和任务；
- 计算能力；
- 进行信息分析；
- 创造性地解决问题；
- 处理复杂数据；
- 讨论和辩论；
- 时间管理和优先级管理；
- 规划工作和项目管理；
- 书写报告；
- 检索信息。

理解思维在学习中所扮演的角色

◎ **利用思考过程进行学术工作。**对于每一项任务，你都要仔细评估所采用的思维技巧。思维技巧可能不是显而易见的。

◎ **确定你是否完全理解思考过程所涉及的所有词汇。**在学术语境下，工作人员可能运用某个词语来表示与其常规用法略有不同的含义。

◎ **查看有关你工作的反馈，看看它是否对你的思维深度进行了评论。**如有必要，跟你的老师们谈谈你将来需要做什么。

GO 现在就开始行动吧……

- **检视你上一次做的“重要”决策。**例如，那或许是选择一所大学或者选择哪个专业。检视你决策过程以及你对有关的选项进行的分析。还有，想一想自从做决定以来，你是如何反思这个决策的？你是如何从这个经历中学习的？现在你会以不同的方式做事吗？
- **再度查看你的课程目标。**这些通常会在网上或者纸质手册中公布。课程目标在多大程度上定义和解释了你这个专业的毕业生所预期的思维技巧？也思考一下你所学专业的学术练习的范围。同样地，你也能从相关的手册中找到这些内容。相关的学习效果和评估标准告诉你有关具体的任务所需要的思维模式包含哪些内容？
- **思考你未来职业发展的可能性。**在这些职业中，哪些类型的通用的和特定的思维技巧很可能会受重视？你能够将上一点中的问题答案与你的答案联系起来吗？如果不能，你或许需要考虑开始参加一种新的或者不同的课外活动，以提升你的技巧。

第二部分

HOW to Improve Your Critical Thinking & Reflective Skills

思维的关键方法

第2章

批判性思维：如何发展分析和解决问题的逻辑方法

批判性思维，大概是你在大学里发展的、最容易转移的能力——雇主期待你能够运用这种能力来处理工作中的专业挑战。本章将介绍有关的概念、方法以及在提高分析能力时需要提防的陷阱。

本书的第1章将批判性思维定义为分析问题和解决问题的能力。许多专家认为，批判性思维是一种你能够通过实践发展和培养的技巧。而本章的目的是，帮助你通过更深入地理解相关的思考过程，尽可能地充分利用这样的实践机会。

进行批判性思维的情境

大学的课业中涉及更高层面的思考技巧的例子包括：

- 在人文艺术和社会学科中的论文写作；
- 在医学和护理学中基于问题的学习；
- 关于机器和结构的工程问题；
- 法学案例场景；
- 在理科中的基于项目的实践工作。

思考的技巧对学业的重要性

我们在大学里的大多数课程以及用于评估的练习，都是为你提供培养思考技巧的机会。老师们带领你从头至尾学习复杂的课程，为探究性的思考和研究建模。课程结束时，他们期待你吸收不同的方式方法来得出结论。他们给你布置的一些任务需要类似的逻辑过程。表 2–1 展示了一些例子。

表 2–1　关于被评估的学术练习和所涉及批判性思维的类型示例

评估练习	展示一些重要思考过程的典型元素和子任务
论文	你将需要研究某个具体的论题；找到相关的信息，并在一个连贯的架构下将它们组织起来；运用有逻辑结构的写作来呈现证据或者案例
辅导课	你将需要研究一个特定的题目；过滤出重要的相关信息；以简明和连贯的方式口头总结你的想法；回答导师以及小组里的其他成员提出的具体问题；对其他人的展示做出回应并且就某些问题与他们辩论
数值计算问题	你将需要阅读问题的文本并识别得出答案的方法（可能是一个具体的方程式）；从文本中提取所需要的数值信息和适当的单位并进行无差错计算；呈现正确答案；用准确的术语解释你的结果
解决问题练习	你将需要仔细阅读问题并从文字中识别关键元素；找到一个或数个可能的解决方法；评估或进行计算；探讨不同方法的优势或劣势；用写作呈现你青睐的方法或答案
实践工作	你将需要忠实地遵循指导语；观察并记录一个标本 / 位置的关键特征，或者准确地记录每一次观察或者实验的结果；从不相关的结果中间过滤出相关的；以连贯的形式呈现你的记录；分析你的结果，有时候需要运用统计学方法；基于你的发现得出结论并以逻辑的方式呈现
反思性的写作	你将需要选择过去的一个场景；确定关键特征并进行连贯地描述；分析发生了什么事情；参考一种理论模型或者一种已经确立的行为模式做出解释；作为学习者或者发展中的专业人士，描述这些结果对于你意味着什么

续前表

评估练习	展示一些重要思考过程的典型元素和子任务
模拟商业报告	你将就一家具体的公司或者一个具体的业务领域进行分析；以容易理解的形式来选择和展示图表与图形信息；分析你收集的数据；就你研究的关键特征进行报告写作；从你的分析中识别关键机会和行动要点
团队合作	你将必须就一项具体的任务（如制作一张海报）与其他人一起工作；把不同的任务分配给小组中的不同成员；展示、分享创意和信息；开发团队合作的方法；解决遇到的任何问题；按时完成任务；思考你与其他成员的关系；对你的经历进行反思并展示出来；评估你的伙伴们的表现
研究生论文或文献调查	要求你选择一个研究领域或者开创一个研究领域；在主题范围内进行阅读和研究，通常是通过发现和选择相关文章及评论来进行；阅读和分析这些资料并做笔记；得出有关核心议题的立场，并为支持和反对你的观点收集证据；为你的写作创建一个大纲架构；简洁清晰地写作；确保援引和释义是适当的；得出有逻辑的结论并展示
研究项目	要求你选择一个研究领域或者开创一个研究领域；通过阅读相关的文献为你的调查研究确立背景；在主题范围内，通过观察或者实验来进行研究；分析你的结果，提供相关的表格和图形信息；解释结果的意义，并在需要时援引来自其他信息来源的内容

对于每一项被评估的任务，你都会获得反馈。认真思考这些评论，看看你的表现离老师对你的预期有多远，这一点至关重要。

大多数被评估的任务需要你用文字列出你的分析或论据。重要的是，你要认识到，这是批判性思维的一个关键阶段。用口头或书面语言表达你的思考过程，需要你：

- 提炼和阐明你的想法；
- 列出你思考的逻辑，以便人们可以跟上和理解你的想法；
- 理解短语和单词的内涵和意义；
- 运用语言说服人。

由此得出的结论是，说话和写作的技巧对于批判性思维是重要的，就像评估你的逻辑思维能力一样，人们能够评估这些技巧，并且在某些情况下，它们可能是一回事。

总是问自己问题

批判性思维的关键之一是，在遇到任何新的事实、概念或理论时问“为什么”。养成这种提问的习惯意味着，你在不断地寻求事物的根本原因是什么。为了培养你思考的技巧，你不能认为任何事情都是理所当然的，并且尽可能不依赖别人的观点。

对思考本身进行思考

著名教育心理学家本杰明·布鲁姆（Benjamin Bloom），与他的若干同事合作，确立了教育思考过程中所涉及的六个不同的方面：（1）识记；（2）领会；（3）应用；（4）分析；（5）综合；（6）评价。

布鲁姆等人表示，学生们在学习中自然而然地遵循这个思考的过程，详见表 2–2。看到这张表格，你会认识到自己在学习时主要聚焦在识记、领会和应用，而老师们往往期待你在分析、综合和评价上有更多的作为。这些期待有时候从学术评估中的指示语能看出端倪，表 2–2 中提供了一些指示语的例子。然而，需要注意的是，在不同的学科任务中指示语可能意味着不同的意思。例如，在理科中“描述”一词可能意味着一种较低层次的行为，而在诸如建筑等学科中，它可能涉及高层级的技巧。

表 2–2 布鲁姆思考过程分类法

布鲁姆思考过程分类法	典型的指导语
识记。如果你知道一个事实，能够使用它并且能够**回忆**或者**认出**它。这并不意味着你一定要在一个更高的层级理解它	• 定义 • 描述 • 识别
领会。领会一个事实意味着你**明白**它的意思是什么	• 对比 • 讨论 • 阐释
应用。应用一个事实意味着你可以**使用它**	• 展示 • 计算 • 举例说明
分析。分析信息意味着你能够将它分解为不同的部分，并且展示这些不同的部分是如何**组合在一起的**	• 分析 • 解释 • 对比
综合。要进行合成，你能够从一个知识体系中**提取相关的事实**并且运用这些事实来**以一种新的方式**解决一个问题或者**创造某种新事物**	• 写作 • 创造 • 整合
评价。评估信息时，根据其相对于所处理题目的重要性而**做出一个判断**	• 推荐 • 支持 • 得出结论

当你分析在论文写作和其他形式的评估中所运用的指示语时，你应当站在审核人的角度考虑要使用什么类型的思考过程，并竭尽全力达到所要求的水平。为了帮助你理解所要求的是什么，表 2–3 给出了在三个具有代表性的学习领域你可能经历的思考过程的例子。

以这种方式进行思考涉及高层次的洞察力，即“元认知”。在这种较高的层次上理解思考过程，使你能够通盘考虑你的活动。因此，你不是漫无目的地尝试，而是从实现目标的角度识别需要从事的活动的类型，并采用那些以前成功完成此类任务的方法。简言之，对这一新层次思考的认识，应该有助于你在所有的学习和工作中取得更好的成绩。

定义：元认知

这被定义为“对认知的认知”。在本书的语境下，它包括理解你是如何思考的以及你如何将不同的思考过程应用到不同的任务里。

表 2–3　布鲁姆思考过程分类法在具有代表性的大学学科中的示例

布鲁姆思考过程分类	例子		
	法学	文科，例如历史学或政治学	理工科，例如工程学
识记	你或许知道案件、法规或条约的名字和日期，而不理解其意义	你或许知道在国际关系中某条河流是一个种重要的地理和政治的边界，但是没有能力找出原因	你或许能够写下一个具体的数学公式，而不理解其中的符号的意思以及它可能应用在何处
领会	你会理解包含在立法或者判例法中的法律原则及其更广泛的背景	你会理解这条河构成了一个天然的屏障，因为人们能够轻易地识别和守卫这个屏障	你会理解在一个公式中的符号的含义以及如何和何时应用该公式
应用	你能够识别法律原则适用的情形。	你可以运用这个知识来解释一项和平条约的条款	在给出背景信息的情况下，你也许能够运用该公式得出一个结果。
分析	你能够运用适当的权限，将一个特定的情境与法律原则联系起来，去发现其适用范围	你能够将这条河流的重要性解释为对于该和平条约的签约国的领土得失的重要性	你能够解释推导该公式所涉及的理论过程

续前表

布鲁姆思考过程分类	例子		
	法学	文科，例如历史学或政治学	理工科，例如工程学
综合	通过推理和类比的过程，你能够预测在给定的环境下如何应用有关的法律。	你能够识别这个概念，并且将它与在条约制约下再次发生的进一步的敌对行动和后续影响出现联系起来	你能够采用一个公式，将它与另一个公式联系起来并得出一个新的数学关系或者结论
评价	在权衡和评估所有可用选项之后，你能够基于自己的判断向客户提出建议	你能够探讨这一边界的使用与否，是解决该合约条款并使所有当事方满意的一个障碍	你能够基于一个公式的来历以及其背后的基本假设来讨论该公式的局限

如何完成一项批判性思维任务

如何应用理论和技巧来帮助你更好地思考？假设你认识到需要利用批判性思维来解决一个具体的问题。这可能是老师确定的一个考试论述题、问题导向学习的一个议题，或者是诸如要买什么型号的小汽车，在哪里租公寓最合适等私事。以下的线索将帮助你得出有逻辑的答案。你应当把这个列表视为一份菜单而不是一份食谱——思考不同的阶段以及它们对于所考虑的具体议题或你自身的工作风格会有什么帮助。根据需要采纳或者拒绝它们，或者是根据需要改变它们的顺序。

- **准确确定问题是什么。**一项重要的初步任务是确保你已经弄清楚问题是什么。写下对问题或议题的描述——如果这还没有被提供的话——注意措辞需要非常严格。如果作为该练习的一部分已经给出了一项具体的指导，那么仔细地分析其措辞，确保你理解所有可能的意思。如果你在一个小组中工作，那么理想情况是所有成员应当就解释达成一致。

- **组织你针对这个问题采取的方法。**你可以从一个“头脑风暴”开始，以便识别潜在的答案或观点。这可能是单人的活动，也可能是小组的活动，通常包括以下三个阶段。
  - **开放性思维。**从所有可能的角度或立场思考该议题或问题，并写下你能想出的任何想法。在这个阶段，不要担心你的想法的相关性或重要性如何。可以运用“蜘蛛网图”或者“思维导图”来列出你的想法。
  - **组织。**下一步，你应当尝试将自己的想法整理成不同的类别或不同的副标题，或者将它们按照支持一个观点或者反对一个观点分为不同的组。
  - **分析。**现在你需要确定分组后的观点与最初的问题的相关性如何。删除那些琐碎的或者不相关的想法，并对那些看起来相关的想法进行排序或者确定它们的优先顺序。我们将在下文讨论进一步的活动。
- **获得背景信息并核查你对有关事实的理解。**你需要收集相关的信息和想法，以支持你的观点或立场，提供例子或者提出一系列的解释或方法。你还需要确保自己充分理解了收集的信息。这可能像使用字典和科技著作来查出关键词语的确切意思一样简单；它可能涉及与你的同侪或工作人员探讨有关的想法；或者阅读一系列文本来看看其他人如何解释你的题目。

加强你的研究技巧

要获得进一步的信息和实用技巧，请查阅如下章节：

■ 阅读原始资料和记笔记：第 11 章、第 12 章；
■ 分析信息：第 5 章、第 10 章；
■ 避免剽窃行为：第 13 章；
■ 收集那些你能够援引的信息：第 14 章。

- **核查相关性。**现在考虑你已经收集的信息、你的想法以及如何在你的问题中应用这些内容。你可能需要对问题进行再分析。然后需要整理你已经收集到的证据，例如支持或反对一项提议，支持或反对一个论点或理论。你会发现，使用表格或网格来组织有关的信息是有益的——也会帮助你平衡想法。在删除不相关的或者不合逻辑的材料方面要毫不留情。
- **通盘考虑你的论点，以及如何支持它。**通过考虑相关的信息和立场，你应当得出一个个人的观点，然后围绕该观点构建你的讨论或者结论。当写到结论时，你必须留意避免价值判断或者其他没有得到证据或原始材料支持的意见表达。这就是在学术著作中要求频繁引文以及列出参考书目的原因之一。
- **继续探索你的答案。**在许多学术情境下，这就是一部著作，一旦决定了你想要说什么，把这个写下来应当会容易很多。在其他情况下，“答案”可能是一次购买或者决策行为。

系统的方法能够激发你的创造性吗 ?

一些任务或问题要求创造性的解决方案。我们都承认，想法的出现总是不由我们的大脑控制。然而，科技有时候能够帮助创造合适的心理环境。第 4 章为实现这些提供了一些建议。

提出平衡的、无偏见的分析

在学术情境下，批判性思维的结果总是平衡的。这意味着，根据你对证据的解释得出个人观点之前，必须适当考虑题目的所有方面。

这种不偏不倚的反面是偏见，偏见的出现是因为一个人的观点受到了如下因素的影响：

- 一种特定的过往经历；
- 他们的文化或种族；

- 他们的性别；
- 持有强烈的政治立场；
- 查看的是小规模的或者有偏差的原始资料样本；
- 在某种特定结果中拥有既得利益。

在将偏见最小化方面，意识，尤其是自我意识，发挥了重要的作用。这并不总能轻而易举地实现。然而，如果围绕该题目进行广泛的阅读，你也许开始注意到相关议题的各种观点，并且其中一些原始资料可能会引起人们的偏见。这还将帮助你在自己的立场中对这种可能性保持警觉。与其他人讨论是获得更广泛视角的另一种方式。

在与他人讨论时，你应当坚定地平衡你的讨论。你需要提及他人的结论，并提供充分的理由说明你为什么不同意。与此同时，你应该努力做到思想开放。尽管你会从先入为主的想法开始，但你应当尝试接受其他人的想法。你会发现，你最初的想法因阅读和讨论而改变。

i 思考彼此对立的观点

确保平衡的一种方法是，在讨论过程中的某个点持反方的立场。在这种背景下，这意味着人为地采取一种你并不同意的观点，以便你能够揭示你所支持的论点的优势和劣势。

你可以运用语言来帮助你实现平衡。尤其是要力图避免“绝对”。对于那些暗示不存在例外的词语也要小心，例如，“总是”“从不”以及“每个”。只有在你希望百分之百确定的情况下，才能运用这些词语。相反，运用诸如“这暗示着”“那可能是”或者“似乎是”等学术写作的典型“模糊”语言可能更好。

如果你觉得没有足够的证据来支持任何结论，要准备好推迟做出判断。然而，如果要求你就某一论题表明你的立场，你应当避免采取骑墙态度，选择站在正方或者反方，并用证据支持你的推理。

思考中的常见陷阱

与理解深度思考的特征同样重要的是，意识到浅层思考中的陷阱。除了上文讨论的偏见之外，以下是一些常见的、我们时不时会犯的坏习惯和错误。

- **匆忙得出结论**。在一般的学术作品的语境下，这意味着如果基于该主题的阅读的话，就会得出带有偏见的观点。此类情形也可能包括诸如依赖太少的观察或实验；或者是没有对结果进行必需的统计分析。
- **推而广之**。这意味着从一个（或者少数几个）案例得出结论。意识到其他的可能性，对于避免这种错误是重要的。
- **过度简化**。这意味着得出一个结论时，没有考虑潜在复杂性或者其他可能的答案。
- **个人化**。这意味着基于你自身的经历得出结论或者对于一个议题主观臆断。
- **固定模式思考**。这里所面临的危险是从“标准化”的角度思考，尤其是对于不同类别的人群。这种“所谓公认的智慧”可能是由于人的教养、性别、种族等产生的，它涉及基于外表而不是基于基本的事实形成的看法。
- **相信宣传**。这是支持某种特定的政治或道德观点的、错误的或者不完整的信息。

进行叙述而不是分析

这被视为浅层思考的一种表现。在作品中有过多的叙述是人们的一种常见错误，这太多地依赖引述、事实或陈述。相反，进行分析包括解释信息的重要性和情境，以及展示对信息意思或者暗示的理解。

- **运用谬误的论据**。这意味着你的论据的逻辑中存在断裂或者你的论据中所依赖的某种东西不是真实的。本书第 6 章将进一步讨论这种类型的错误。

- **做价值判断**。这些陈述反映了说话者或写作者的观点或价值观，而不是反映了被评估或被考虑的客观现实。价值判断往往隐含着某种轻蔑（负面）的感觉。

价值判断的例子

“澳大利亚的葡萄酒最好——它们醇厚柔和。”在这个例子中，做出的假设是听者 / 读者也认为好的葡萄酒应该是醇厚柔和的——一个价值判断。在描述性词语中可能有类似的固有假设。例如，如果一个人赞同某项事业，他可能将支持该事业的人们称为“压力集团”；如果他不赞同这项事业，那么该事业的成员就变成了“好斗分子”；类似地，存在“环保主义者”与“环境保护狂”“自由战士”与“叛乱者”的区别。

与偏见的情况一样，通过围绕你的题目进行广泛的阅读能够避免其中的许多错误，例如考虑选择更广泛的观点、这些观点被展示的方式，以及分析发现时所运用的方法。你应该在你所阅读的内容的表面之下进行审视。重要的是确定原始资料处理的是事实还是意见；检查所做出的任何假设，包括你自己的假设；并思考作者们的动机。不要重述和描述你的原始资料，而是聚焦于他们通过所写的内容要表示什么意思。

如何进行批判性思考

◎ **聚焦于手头的任务。**当围绕一个题目进行阅读时，或者与其他人讨论问题时，很容易分心。尽量不要把太多时间浪费在初步准备上，尽快开始相关的行动。

◎ **写下你的想法。**写下想法的行为是重要的，因为这样能使你的想法更清晰。而且，由于想法往往转瞬即逝，永久的记录是有意义的。检视你已经写下的东西，让你更有批判性，并能够引导你提出新想法。

◎ **当援引证据时，运用适当的引文。**这一点很重要，因为这样做表明你已经阅读了相关的原始资料，并且有助于避免剽窃行为。关于引文的惯例依据学科的不同而不同，因此要查阅课程手册或者其他信息，并且确保你细致地遵循这些惯例，否则你可能失分。

◎ **吸收同侪和老师们的想法和意见。**与其他人讨论可能是非常有成果的，会揭示你自己之前或许没有想到的一系列的理解。你可能发现征求他人的意见很有用。一旦你开始阅读，其他人通常会很乐意提供有用的指导和帮助。

◎ **不断问自己问题。**进行更深刻思考的一个好方法是提问，即使你觉得一件事情已经得到了解决或者你已经很好地理解它了。几乎所有的批判性思考都是问问题的结果。

GO 现在就开始行动吧……

- **分析过去试卷中的指示语**。注意通常使用哪种类型的指示语。首先检查确保你理解每个词语的预期含义（见表 2–2），其次，考虑学科及其讲授方式，以及你的考试答案中展示出的思考水平。如果你有疑问，请向老师请教。
- **练习观察一个争论的不同方面**。选择一个话题，或许这是一个你持有强烈观点的话题（例如，一个政治事件，诸如国家对私人办学的支持；或者一个伦理话题，诸如活体解剖或者堕胎的必要性）。写下该话题的正反两个方面的支持证据，聚焦于你最不喜欢的选项。这将有助于你把一个辩论的正反两个方面都视为理所当然的事情。
- **分析报纸的读者意见和来信栏目**。这往往是带着偏见、歧视和各种形式谬误的原始写作资料。看看你在读者意见或来信中能否发现本章“思考中的常见陷阱”专栏中所描述的错误。

第3章

反思性思维：如何在学术情境中评估你的情感

反思频繁地出现在学习和工作中。反思的整个过程可以被分解为不同的元素，这些元素揭示了所要求的个人技能。人们偏爱用一系列的框架来记录在不同的任务中的反思，根据任务的不同，框架需要某种特定的方法。在处理这些任务时，必须始终考虑相关的学习和工作效果以及考核标准。

本书第 1 章将反思定义为一个过程，在这个过程中，个人评估事件或经历及其相关问题后达到对该状况更深刻的理解。本章的目标是探索这个过程在学习和工作中是如何开展的，以及如何对它进行评估。

进行反思的学术情境

从经验中持续学习是人性的一部分，随着年龄的增长，我们对事件的应对通常变得越来越熟练，也更加明智。因此反思是高效学习的重要部分。在学习、工作和生活的许多情况下，你都能受益于反思，包括：

- 检视你的学习经历，诸如讲座、辅导和实习；
- 分析你对课程主题的主观反应；
- 分析你对被评估的体验；

- 为你的个人发展做计划；
- 思考你的职业规划。

此外，某些学术练习模拟了职业场景，这使你通过分析你在相关情境中的反应来学习专业知识，并发展有效的行为模式。你在这些情形下的反思可能被正式地评估，目的是培养持续进行自我评估的习惯。这些类型的例子可能包括：

- 分析一位新老师的课堂互动；
- 评估一位即将执业的会计师的客户交流或律师的法庭交流；
- 检视一位实习社会工作者的案例管理；
- 检视对两种政治体制的观点；
- 检视实习护士、医生或者牙医对患者的治疗和医患关系。

作为一项专业活动的反思

攻读职业学位的学生们通常会发现，他们的专业课程提供了反思的机会，并且还会受到评估。这之所以被如此强调是因为，反思的行为被认为是使职业持续发展、确保从业者持续地检视工作模式以及密切关注专业领域最新进展的一个关键方面。

反思一般是在事件发生后进行的，正如在护理学中对“关键事件”的运用。有时候校园里会设置一个“模拟”情境，学生们会扮演情境中的角色。有时培训发生在实习期间的工作场所中，在这种情况下可能有真正的患者或者客户参与其中。下文提供了一些跨学科的例子。

护理

约翰是一名实习护士，在外科病房实习，在那里他负责看护那些术后康复的患者。

约翰负责看护一位名叫伊迪丝的女性患者，同时探索自己在她的治疗和康复中所起的作用。他的报告需要提供有关该患者的病情和必需的手术治疗的背景信息，以及他为伊迪丝的手术和康复所做的准备详情，包括：监视生命体征；管理药物；伤口护理；饮食要求；盥洗；与患者亲属们打交道以及出院事宜。报告还包括对他与该患者的互动以及此次成功治疗的反思。

社会工作

希尔达是一位社会工作专业的学生，作为学习的一部分，要求她跟随一位有经验的社会工作者实习一天。

希尔达需要从她跟随的社会工作者布莱恩（Brian）的案例中选择一位“难缠”的救济对象，了解这个案例的背景，就她所观察到的具体会面进行评论，并与布莱恩讨论她对最终解决这位救济对象的问题的看法。期望她利用这些信息和经验，反思她在未来的工作中将如何与此类人打交道，并尽量获得最佳结果。

艺术和设计

钟慧在学习珠宝设计，她需要收集材料制作一个写生簿，作为一个主题为“阳光”的工作室练习的一部分。

钟慧期望能用她在写生簿中收集的原始材料来设计并制作一件珠宝。这要求她反思那些原始材料对她而言意味着什么，以及她打算如何利用原始材料制作一件珠宝。根据这次练习的主题，她收集了一系列太阳光线穿过云层的影像。钟慧认为，这与天气的积极变化相关，因此暗示着乐观主义——这可能是顾客购买胸针时的理想情绪。这些想法引出了其他与设计有关的想法（“波涛汹涌的漩涡”和“耀眼的光线”）和材料（一种金银合金），并因此形成了设计的草图，最终制作了作品本身。

工程学

费萨尔是一名产品工程专业的学生，在当地一家制造企业实习时，他参与执行了一个行业赞助的项目。

费萨尔在萨奇特水泵公司（Suqqit Pumps Ltd）实习时，与产品线的经理吉米一起工作。工程学院的工作人员在前期与费萨尔、吉米会面时探讨了费萨尔的项目，并一起明确了他的项目的具体内容，即探索为什么有一定比例的水泵没有达到吸收率的阈值而没有通过质量控制检查的原因。费萨尔拆开了没有通过质量控制检查的水泵，并将这些水泵与合格的水泵进行比较。他最终发现，大多数未通过检查的水泵的一块薄膜有瑕疵，他根据造成这种局面的原因，以及如何通过改进生产工艺来解决这个问题提出了自己的建议。他的报告不仅需要提供该项目及其结果的记录，还要反思他在实习时的工作关系以及成功进行这项工作所需要的技能。

反思的过程

教育研究者格雷厄姆·吉布斯（Graham Gibbs）描述了反思过程的不同阶段所构成的一个循环行为模式。这个循环所包含的元素如图3-1所示。

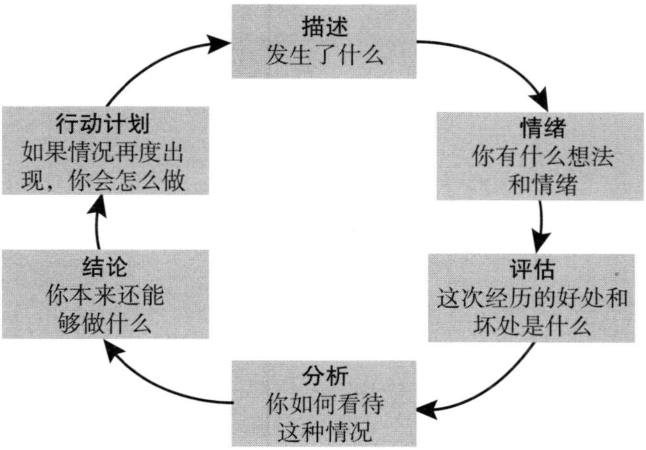

图3–1 吉布斯的反思循环图

- **描述**。这需要你的观察力以及你精确、公正记录情境和相关事件的能力。
- **情绪**。这里需要记录你对事件的应对。这可能是反思过程中相对困难的一部分，因为在进行学术工作时，我们通常被要求将自己的个性从思考和写作中去除。
- **评估**。这里需要你权衡此次经历的积极和消极方面。
- **分析**。反思的这一要素要求你对照相关理论或者其他已发表的作品来对你的人际交流能力进行基准测试。
- **结论**。这应当是你当前对事件响应的总结，包括讨论你学到了什么以及未来你可能如何响应。
- **行动计划**。这是把你的反思结果正式确定下来的方法。

当上次反思循环过程的结果对你在下次类似事件中的行动产生影响的时候，就会产生新的周期循环过程。这在大学是司空见惯的，因为大学的教学过程就是以过去的学习为基础来发展新技能的。

反思和元认知

反思涉及元认知，因为它被用于在一个现有的理解框架内构建意义。这要求对框架及其运作原理都有认识。

实践中的反思

在不同的学科中会采用不同的特定类型的反思练习。

反思报告

反思报告被广泛用于各种情境中，通常是针对一种具体的情境或一段经历做出的应对，尤其多用于分析在专业培训情境中的应对。该报告往往遵循上文的吉布斯循环图，内容分为若干部分。不过内容可能被简化，例如把“评估”和“分析”合并为“解释”部分。

过程映射报告架构

当你的反思报告建议采用的结构与吉布斯反思循环图中的六个细分部分不同时，可能是一些过程被整合了。如果是这种情况，你会发现，有用的做法是，将两者彼此对照，确保你的报告涵盖了所有的方面（详细内容参见表 18–2）。

关键事件分析

一些学科，尤其是护理专业，鼓励通过分析所谓的“关键事件”来进行反思性思考。关键事件指那些被认为是难办的或者对个人有挑战性的事件。这些事件的特征可能涉及伦理、能力或者是产生冲突或侵害的情况。它们往往与专业实践、沟通、关系、文化习俗、信仰或情绪等元素相关。反思性的分析也能够应用到结果积极的事件中，例如一次顺利召开的会议或者一次令患者满意的诊疗方案。这种分析的目的不是对那些参与该事件的人进行个人批评，而是审查在这种情况能用什么方法可以更适当地处理。通过这种方式鼓励人们对自己的学习、专业能力、态度和信念进行反思。

学习日志

学习日志（leaning journal）是由按顺序记录的事件以及你对事件的应对构成的。学习日志通常被用于记录在一段时间里你专心进行某项活动的经历和进展。这里强调的是对你学到的东西以及如何学习进行的个人分析。为了自我评估顺利进行，可能会要求你提供对日志的评估。

以这种形式坚持记录，确保你主动地参与学习过程，并且保证得到符合需要的结果。这不是应老师要求而制定的日程，而是由你本人控制，并且通过反思的过程来最大化你从事件经历中的获益。在某些职业中，成为一位“反思型从业者”的额外收获，是确保你像熟练的老手一样开始一项新工作。

关键事件——一个来自护理学的例子

护理专业的学生们可能被要求，分析他们目睹并认为存在不适当行为的事件。例如，一名住院患者可能在没有陪同的情况下淋浴，结果摔倒在地板上，导致头部受伤。由于病房护理人手不足，在该患者被送回床位后，也没有任何人前来查看，所以，无法确定这次患者摔倒是由于在地板上打滑，还是由于某种病理原因的短暂意识丧失。这名学生可能是事件的观察者或参与者，而且作为实习生，照规矩无法直接干预。然而，为了评估的目的，该学生可以运用这一关键事件进行如下方面的分析：

- 解释该患者在无人陪同的情况下淋浴的原因；
- 确定健康和安全问题以及护理责任；
- 记录可能导致了此次摔倒的病症以及应当如何对这些病症进行检查；
- 提出理应如何处理类似情况以及未来如何避免此情况发生的建议。

博客

博客（即网络日志）是在网上记录你的经历，并打算将其与他人分享。这种记录形式的好处是可以轻松地把图片、视频和网络链接组合在一起。事实上，作为反思材料的来源，这些内容可能是至关重要的。而另一个好处是，给他人讨论留下了空间。这可能是来自老师的评论和指导，或者是在同侪群体中的争论。那些真正开放的博客可能吸引来自全世界的评论。然而，博客的缺点就是，它可能占用你大量时间。

不同类型的博客涉及一系列反思的内容：

- 研究博客可能详述一个人或者一个小组对一个题目的持续调查，其中反思的内容相对较少；

- 日记博客记录一段时间内的事件，可能包括一些反思；
- 创意博客可能帮你整理工作用的原始材料，并反思这些对你意味着什么（参见下文的写生簿）；
- 学习博客相当于网上的学习日志，强烈地聚焦于反思元素。

博主们当心

你不知道你的博客何时可能被查阅，因此你应当假设一位同侪或者一位工作人员可能随时会查阅。在写作和上传你的博客时要小心，不要展示不完整的和未经核对的作品。如果你的博客中有任何容易引起争议或者高度个人化的内容，把它在草稿箱放一晚，第二天冷静地重新阅读后再考虑发布，可能是个好主意。

写生簿

在创造性艺术中，写生簿是收集素材以及你对这些素材的思考的一种传统方法，目的是知会艺术创作过程。写生簿可以包括各种各样的视觉材料，例如：

- 素描；
- 照片；
- 取自杂志和其他信息来源的图像；
- 展示特定颜色或者颜色组合的杂志插页或者织品样本；
- 偶然拾得的天然艺术品；
- 来自外部消息来源的话语，例如一段引文或者歌词；
- 你自己的笔记，对于原始材料或者工艺进行了反思，涉及你打算如何选择和运用一种艺术媒介的详情。

在创造性艺术中的反思的特殊意义

- 有助于创造性过程；

- 允许你以独立的方式检查你的作品；
- 有助于你解决作品中的问题，例如，在某种设计不可行的情况下；
- 使得你能够展示你的独创性；
- 帮助你解释你的作品，例如在一次评判中。

写生簿可以并应当是非常个人化的东西，因此可能并不符合老师们的期待。你需要保留你的原创性，同时也要达到课程的要求。如果你觉得，你最初的作品没有达到你个人的预期或者课程的期望，不要担心。这些都是创作过程的一部分，而且你可以通过写生簿来促进和评估这个过程。

为写生簿收集素材

你需要时时刻刻睁大眼睛留心并持续寻觅潜在的素材，这不仅是为了目前的练习，也是为了未来的练习。在为写生簿选择素材之前，你需要找个地方来储存这些东西。

文件夹和电子文件夹

“文件夹”笼统地指广泛收集的学习资料和所评估的作品。现如今的大部分文件是在网上展示的，因此也被称为电子文件夹。一个**过程文件夹**（process portfolio）包含展示你的能力发展过程或者你正在执行的项目的进展材料，而**成果文件夹**（product portfolio）包含你提交的作品的最终版本。

文件夹使用的例子包括：

- 存储或复制课堂作业，要么是完成的作业，要么是正在进行中的作业（可能被称为网络档案）；
- 作为与项目组成员合作的一种媒介；

- 将你的作品与他人分享，例如导师或者潜在的雇主；
- 记录与工作人员会面的结果；
- 作为收集某些技能的进展或实现的证据的手段；
- 扩展你的个人简历；
- 随着你的学习和工作过程，记录你的反思。

共享电子文件夹

由于这个过程通常基于你的个人要求，草稿或者个人材料是不需要提供给工作人员或者其他人的。当你确定要共享你的作品时，要小心你已经复核了材料，并且限制他人访问你需要保密的那些内容。你可能希望以PDF格式上传你的作品，这样其他人就无法复制或者修改它。

一个高品质的电子文件夹可能涉及大量工作，不应当低估其工作量。这将需要仔细的计划和时间管理。

个人发展计划

作为结构化过程的一部分，个人发展计划（personal development plan，PDP）被用于许多领域，协助你通过反思你的学习/工作、表现和成绩来规划未来。它可能涉及你的个性、教育经历和潜在职业选择。

个人发展计划的主要目标是帮助你：

- 记录和反思你经历的重要事件；
- 对你的个人发展进行回顾、计划以及承担责任；
- 确定个人目标以及评估你的进展；
- 成为一个更加独立、自信和自我引导的人；
- 开始你的职业规划并且提升你的就业力；
- 在未来持续的职业发展中提供借鉴的作用。

你的个人发展计划可能既聚焦在学习上，也可能聚焦在生活中的兴趣活动上。尽管雇主们将凭借你的大学成绩单来评估你的学术成就，但是他们也有兴趣把你的非学术成就作为了解你个人品质的参考指标。个人发展计划是收集有关这些兴趣爱好的证据以及反思它们的一种方式。你的个人发展计划可能被评估，评估的标准与其他类型的反思的评估标准类似。

跟上你的个人发展计划

创建个人发展计划的优势是显而易见的，但是其形成个人发展计划的漫长时间表可能意味着，优先考虑其他的任务。你应当进行日程记录，以便定期更新个人发展计划。激励你这样做的契机可能出现在，当你在寻找假期工作并且需要更新简历的时候。

对反思的评估

图 3–1 讨论的吉布斯反思循环过程的元素同时提供了一个评估框架，在要求你完成的任务或练习中，即使有些元素可能有不同的名称，或者某些元素可能被合并或者省略，你也应当识别反思过程中的部分或全部元素。确切的细节将取决于你面临的情况、任务的总体目标以及在相关领域中你的指导者关注的焦点。

如何评估像反思这样的私事

如果反思所包含的情绪是个人的，你可能会问，如何能够公平地评估反思？在那种情况下，你的指导者能够说什么是对或者错吗？他们的观点不会是主观的吗？这个问题的答案是，通常评估的是反思的过程，而不是具体的个人信息。也就是说，关于什么可以被视为对事件的适当的专业反应，存在清晰的界限。

至关重要的是，尽早查阅任务结果和反思的练习评估标准。这显示了你应当尽量实现什么，以及针对结果的质量你得到什么评价。这些帮助你为你的活动确定方向和制订计划，并估计所要求的思考的深度以及如何对成果进行展示。

因为反思是个人的，许多学生发现难以找到准确的词语或“表达”来描述他们的经历，然而这是必不可少的，如果反思的质量要作为学习或工作的一部分进行评估的话。本书第 18 章考察了反思的语言以及应当如何将其用于所评估的不同类型的工作中。

下面是具有代表性的反思报告的考核标准，在这个例子中，反思报告是法医心理学领域的实践日记。该考核标准分为四个等级：优异、胜任、有条件通过和无法胜任，这是基于英国心理学会章程（British Psychological Society’s Statutes）认可的四个等级。

优异：报告很杰出，展示了独立、出色的工作能力，且超出了核心任务所要求的所有能力。报告（包括实践日记）展示了杰出的组织能力，并就应试者如何符合所有的要求提供了详细的说明。证据表明该应试者对于所从事的研究采取了系统性的方法并且考虑了伦理问题。监理日志、实践日记和总结性陈述都提供了关于反思实践的确实证据。杰出的演讲介绍符合标准要求。

胜任：报告令人满意，展示了有足够的工作胜任潜力，且超出了核心任务所要求的大部分能力。报告中的工作显然具有法医的性质，提供了显示经验深度和广度的证据。通过监理日志、实践日记和总结性陈述提供了关于反思实践的证据。遵守了伦理规范。演讲介绍总体令人满意。评审人允许通过其他的优势领域来弥补一些能力上的弱点。

有条件通过：报告存在明显的书写错误，书写错误包括诸如所要求的在监理日志上的签名；对表格的编辑或说明；语法或打字错误；引用上的错误；任何未能隐去第三方姓名之处。有条件通过的报告必须在一个月内重新提交。因此，对于有条件通过的建议必须是关于文字问题的，并且必须在一个月之内可改正。有条件通过并不为整理 / 收集额外的证据而设计。如果需要这些时，评审人应当考虑真的需要吗？如果是真的需要，那么必须给予不及格的评分。如果并非必不可少，则可以作为通过报告的一部分来提供建议和指导。

无法胜任：报告中描述的范例有显著瑕疵，展示出能力水平不足。如下问题可能导致不及格：

- 忽略评估和介入的关键领域（如果没有进行这样的工作，应当至少承认有这样的需要 / 局限）；
- 严重地未能遵守伦理规范；
- 研究或评估设计中存在严重瑕疵；
- 几乎没有证据表明进行了反思实践；
- 显著偏离报告计划（没有给出充分的解释）；
- 缺乏原始证据（包括叙事性的解释）；
- 没有在核心任务上分配充足时间；
- 演讲介绍得糟糕、杂乱无章，难以进行评估。

在学术情境下的反思

◎ **重新思考反思的理由**。人们自然而然会把注意力聚焦在评估上，并试图给出“正确答案”，但是重要的是要认识到，反思主要是一种在学习上的练习，并且应被视为自我发展的一个机遇，而不是得分的手段。

◎ **描述与分析的平衡**。许多学生落入提供太多的细节而忽略大局观的陷阱。

◎ **寻求建议**。如果你真的不确定自己要做什么，去找你的导师或相关工作人员讨论并征求意见。他们能够指出方向或者给出进一步的评论。

GO 现在就开始行动吧……

- **运用哪些方法记录反思。**运用这些方法时你需要哪些技能？为了方便使用它们并提升你的表现，你需要预先进行相关培训或探索吗？例如，如果要在一个具体的网站上开设博客，你知道如何做吗？你知道如何充分发挥其所有的特色吗？
- **评估你进行反思过程中的能力（见图 3–1）**。你需要哪些技能来进行这些活动？为了提升你的表现，你需要预先进行相关培训或探索吗？
- **回顾你的个人发展计划以及你所在机构对个人发展计划的支持。**你的参与程度如何？你运用它反思了你迄今为止在工作、学习任务和兴趣活动方面的进展吗？你如何从你的个人发展计划中获益？

第4章

创造性思维：如何产生创新性和原创想法

创造性和原创性对于学术研究和工作就业来说是非常重要的素质，也是批判性思维的关键要素。你会发现现实中许多情况都需要创造性，而且人们已经发现，有许多技巧能够激发创造性思维。

创造力是一种多线活动，其共同主题是产生解决问题的新方法。创新和有创造性的产出在艺术和设计领域的地位尤其显而易见，在人文学科和理科的研究中也占有一席之地。创造力也是未来工作要求的关键素质。

在学术研究中的创造力

找到课题研究的一种新方法或者新颖的问题解决方案，对于知识理解的要求更进一步。因此，在几乎所有的学术研究中，原创性都是一种被高度重视的品质。仔细查看评估标准，你往往会发现不论学科如何，找到课题的新视角被作为判断是否为一流研究的一个指标。

创造性、原创性和适当性

在艺术以及一些形式的写作中，创造性的重点是原创性；然而，在包括设计在内的大多数实用学科中，还有额外的适当性标准。在大多数学术研究中，找到一种相关的新想法是很有价值的。

原创性思维往往引起学术理解的小规模变化。然而，偶然重大的“范式转变”发生在重要的新创意、新概念或新发现崭露头角之后。这些事件有时候会受到那些墨守成规的人们的强烈反对。即使是小规模的思维变化，所引发的不同意见也是学术争论的重要部分，并且通过不同的观点的支持者捍卫他们立场的逻辑，可以帮助这些理论观点的发展。在工作和学习的某些情境中，你可能需要通过概述和讨论相对立的观点来模拟这个过程。

科学领域的许多进步都来自跨学科研究中想法的交叉融合。在这里，人们为一个领域开发的方法和技术可能成为另一个领域的应用，或者，来自不同领域的方法和思想的融合可能产生全新的思维或者一种新颖的方法。你会发现，这些情况也发生在你的学习和工作中。

如何具有创造力

许多新想法涉及“横向思维”，这个词最初是由爱德华·德·波诺（Edward De Bono）提出的。这个词的意思是，跳出过去的思维模式和概念。它涉及挑战那些描述了情境的假设和局限，并选择以一种新视角看待问题。

毋庸置疑，支持自由和无拘无束的思考很重要。这涉及抗拒或者摆脱先前的论据或研究、自己预设的条件或者明显的束缚所带来的影响。解放思想，对于开启你的创造力是必不可少的。

然而，我们不应当把自由思考与对课题的无知混为一谈。新想法很少会脱离于理解框架而独立出现。这种心理“脚手架”对于理解问题、基本原则和描述解决方案是重要的。你需要找到平衡，从而让你的新鲜想法不受到这些影响的过度束缚。

同样，你也不要让实用性扼杀你最初的想法。创造性最初聚焦于想法的产生，因此不要让它们被理论知识或者可行性过度约束。你应当推迟选择那些作为次级过程的思维过程。

克服创造力的障碍

对于许多人来说，创造力的练习是困难的。问题的出现可能是由于如下原因：

- 对题目的理解不彻底——使得人感觉难以合成某种新东西；
- 被“卡住”了——不知道如何产生想法；
- 害怕失败——担心想法不会得到积极的接纳；
- 完美主义——认为所产生的东西应该是完美的；
- 拖延症——由于一系列的、包括上述的原因，而推迟开始行动。

重要的是找到起步的方法。一旦开始工作，事情的进展往往会顺利得多。

你的头脑需要被刺激才能产生想法。你可以选择对你有效的刺激方式并尝试聚焦你的想法，或者为支持无法预测的新思维创造条件。然而，结果可能并不是立竿见影的：有时候原创性的想法可能会在不同寻常的地点出乎意料地出现。据说阿基米德在洗澡时找到了测量黄金密度方法的灵感，爱因斯坦是在梦中构想了广义相对论。

把阅读和记笔记作为创造力的助手

有时候你没有想法，是因为你缺乏培育想法的种子。在开始做作业时，你或许需要围绕题目进行阅读并找出更多相关的内容。如果中途止步不前，用一种不同的方法找到新的资料可能会快速启动你的思考。重要的是，不要只是阅读，你需要记笔记，在你思维活跃时记下你的想法。笔记可能涉及三种主要类型：

1. 关于学科材料的笔记；
2. 原始资料详情，以便你能够引用它们并且避免剽窃；
3. 你自己的想法，这些是你在阅读时通过联想出现的想法。

在这些笔记旁边记下对论文题目或问题的总结并时不时地参考，保持你的头脑与问题的联结，是个好主意。

激发创造性思维的方法

从前面的讨论中，我们知道你似乎无法轻而易举地“强迫”创造力出现；你所能尝试做的全部就是确保正确的条件准备就绪，然后等待创造力的出现。目前已经有一系列不同的方法被开发出来帮助人们激发创造力。这些方法可能适合不同的个性类型，去尝试你认为对自己有效和有吸引力的技巧吧。我们无法保证这些方法都会奏效，但是它们或许会帮助你找到任务的解决方案。

头脑风暴

这大概是产生创意最常用的方法。它是在尝试弄清楚主题之前，先想出一系列的想法。广告主管亚历克斯·奥斯本（Alex Osbom）创造了这个词语，他提出有效的头脑风暴的四个关键是：

- 想出尽可能多的点子——点子越多，找到答案的概率就越大；
- 鼓励那些似乎古怪的思路——也许正是你最狂野的想法能够引起进一步的创意，甚至是解决方案；
- 要忍住不对有关的想法进行评估，把评估留到以后——评判过程可能会扼杀你的创造力；
- 寻找你的想法之间的联系——这可能导致新的思维模式的产生。

作为团队合作的一部分，头脑风暴可能尤其有效，因为团队成员一起交流和构思能产生意想不到的新想法。

捕捉想法的记笔记技巧

大多数人在头脑风暴中或者寻找关联时会运用思维导图（见图12–5）来捕捉他们的想法，而且这种方法能够融入视觉概念。在主题是定向的任务（诸如论文）中，应当把课题的题目或者对课题的描述写在思维导图的中心，以便能够持续地参考它。其他的记笔记技巧可能需要进行一定的练习。

找到关联

这种方法实际上是一种迫使头脑风暴更加聚焦的方法。它涉及三个主要阶段。

第一，写下对问题的简短描述。

第二，尝试梳理出问题的不同方面。方法如下：

- 依次聚焦有关的描述或者题目的每个关键词或者短语，看看会有什么想法出现；
- 讨论这个问题的记者六问："是谁？""发生了什么？""何时？""何地？""为什么""如何发生？"；
- 从不同的视角看待这个话题，或许从不同的学科分支进行。例如，有一个学生正在撰写一篇生物学的普通论文，他可以从不同角度审视这个题目，例如解剖学、生物化学、生物物理学、生态学、环境科学、进化、遗传学、生理学等。

第三，回顾你已经产生的想法并从中做出选择。

找到关联的建议

以下是关于将课题题目中的关键词或者短语与其他的单词和想法联系起来的一些可能的方法：

- 运用搜索引擎来找到关键词或短语的定义和另外的含义；
- 使用字典，最好是同义词典——无论是在线的、书籍形式的或者是在文字处理器内的——来找到相关的词语；
- 搜索关键词语中的每个字词，看看会出现什么；
- 搜索上述内容，但是寻找的是图像或者视频，而不是网页。

做出随机的联想

这个技巧适用于相对无指向的任务。它寻求激发围绕核心题目的混乱的、无法预测的新想法。首先，写下题目或者摘要。其次找出

5 ~ 10 个随机的不相关的词语（最好是名词）。例如，你可以通过翻阅字典和报纸，或者浏览一系列的网站，或者通过网上随机词语发生器来这样做，诸如 creativitygames.net 等。最后，尝试将每个词语组成一个与你的题目有关的句子。这将迫使你以随机的方式思考课题。

自由写作

这个方法的目标是，通过围绕你的课题进行快速和持续的写作，使得想法顺畅地产生。这对于有写作障碍的人尤其有帮助。首先，找到一个不受打扰的地方，并且下定决心在特定时间内完成这项练习。其次，写下你的课题的主题并开始写作。不要停下来，一直写下去，并且尽可能快地写。这个方法就是要捕捉"意识流"。不要担心你写的内容或者为什么写，也不要担心是否简明、语法正确与否或者有无拼写错误。如果写下的文本似乎跑题了，不要在意——重要的是一直写下去（尽可能尝试回到主题）。最后，在时间用完之后，回顾你已经写下的内容并选择令人感兴趣的点。在进一步的自由写作或者头脑风暴练习中运用这些想法。

进行一次"思想散步"

"思想散步"就是它字面的意思——独自一人进行的聚精会神思考的散步。令人吃惊的是，包括西格蒙德·弗洛伊德（Sigmund Freud）在内的许多伟大的思想家都用过这种简单的方法。这种方法的价值有如下体现：

- 它给予你不受打扰的时间和空间进行思考；
- 它使得血液流向你的大脑；
- 似乎你的大脑的一部分聚焦于走路的重复性动作，而另一部分被释放出来进行思考；
- 你在散步中随机见到的事物或者事件都有可能激发你的新的思考。

与"思想散步"类似的还有其他形式，例如冥想、走迷宫或者在健身房锻炼。

保留想法笔记、写生簿、情绪板以及灵感板

保留想法笔记的一个直接理由是防止忘记有价值的想法。对于手写笔记来说，最好是一个口袋大小或者钱包大小的本子，这样你可以随身携带随时使用，例如，记下在乘坐公共交通工具时、做白日梦时出现的主意。如果你喜欢，也可以使用笔记本电脑、记事本和手机。

写生簿相当于艺术家们的手写创意笔记本，也被用于协助发展一连串思考。情绪板执行类似的功能。情绪板是将许多图片、样本或文本钉在板上形成的海报或者拼贴画，也可以是以数字方式收集的。情绪板往往被用于基于设计的学科，以构造一个项目背后的“感觉”。

创建情绪板的关键过程是：

- 定义该项目的任务简介；
- 为你的情绪板寻找信息来源并收集各种物料；
- 检视各种物料，将它们组合并且用你的想法进行诠释；
- 拒绝不适当的材料（但是不要立即丢弃）；
- 撰写关于你对该任务简介的应对的总结。

灵感板与此类似，但是通常更为多样，并且可能不跟当期的一个项目直接相关——其目的是收集能激发灵感板所有者的头脑中的创造性想法的物料，例如，你喜欢的事物、你钦佩的人或者那些激发情绪的地方。

涂鸦（无目的地绘画）是一种与笔记本或者写生簿有关的、有潜在价值的活动，在涂鸦时，你只是把你的想法形象地创造出来，然后在此基础上扩展。质量高低并不重要。在艺术领域中，这可能引发产生关于图像和设计的创意的萌芽。这种书面呈现的形式，能够释放你大脑中的创造力。

运用视觉线索替代书面单词

在艺术或者和设计相关的学科中，类似围绕主题阅读的活动是以视觉方式吸收其他人的想法和解决方案，例如，通过：

- 参观艺术画廊或者美术博物馆；
- 观看一系列建筑物；
- 逛逛你喜欢的设计风格的店铺；
- 探索新的计算机软件。

部分上述活动或许能帮助你完成书面作业。然而，无论是什么学科，你都不应当把这些活动作为拖延的借口。

如何提高创造力

◎ **合理安排工作时间**。如果时间是深夜，或者你刚刚吃了一顿大餐，你可能感觉疲劳和缺乏想象力。相反，当你在经过了舒适的睡眠，感觉头脑清醒或者当你的身体（和大脑）因为低强度的锻炼而精力充沛时，你要立即尝试工作。

◎ **酝酿问题**。只有当你拥有自由支配的时间时，这样做才会奏效。开始做其他事，而不是思考你的任务即可。如果作业中有例行的任务，诸如写出详细的参考资料，那么就去完成那些任务。当你有意识地聚焦在其他事情时，一个相关的想法往往会跳进你的脑海中。

◎ **逆势而为**。担当起攻击你的立场的角色。或者，重新架构你所青睐的解决方案，使其与你得到的解决方案完全相对立，然后尝试捍卫这种方案。这可能为你提供新的探索途径。

◎ **永远不要害怕失败，不要纠结于寻找完美的解决方案**。这些情绪是行动和自由思考的障碍。找到一个不彻底的或者部分可行的解决方案，往往比什么都不做好很多。这可能激发一种不同的思维方式，但是如果你不尝试，那么你永远也不知道会发生什么。此外，在某些学术练习中，你或许会因为提出某种不成功的想法，并就你为何放弃它给出理性的解释而获得学分。

GO 现在就开始行动吧……

- **核查确定你是否拥有足够多的信息和知识来理解你的问题并构架一个解决方案。**如果情况并非如此，你要做更多的研究。但是，不要让这项活动花费过长的时间导致任务拖延。
- **考察你进行思考时所处的环境。**选择一个能够避免打扰并且让自己全神贯注的地方。远离电视机，关掉手机，不要访问社交网站。有时候身处熟悉的地方会导致旧有的思维模式的出现，或者缺乏新的思维模式。可以去一个不同的工作室、图书馆或者实验室，可以坐在咖啡厅而不是课桌旁，参观艺术画廊或博物馆，也可以去任何一个能让你摆脱思维定式的地方。
- **跟朋友或者家人谈谈你的任务。**鼓励他们评论你的想法并向你提问题。解释你的想法将迫使你更加深入地思考自己的想法，其他人在这些想法上的视角可能对你也是有参考价值的。

第三部分

H
O
W to Improve Your Critical Thinking & Reflective Skills

实践中的批判性思维

第5章

得出一个观点：如何筛选事实和观点

工作和学习中的许多任务都期待你得出一个立场，并在此基础上表达观点。这要求你具有研究、思考和论证的技能，并理解相关的概念。

当分析复杂的问题时，要得出一个个人观点或者立场不是很容易。它要求你：

- 阅读和理解原始资料；
- 判断提出的论点；
- 核查事实和主张；
- 得出立场；
- 清晰地表达你的立场；
- 用适当的证据支持你的观点。

因此，它是一个多方面的行为，需要批判性思维、创造力、论证、学术写作以及参考文献的技能。关于得出立场不可能有确定的公式，因为对于每个具体的问题，必须根据其自身的是非曲直进行判断。然而，理解一些与得出观点相关的概念，有助于你更清晰地分析你阅读的内容，从而帮助你形成观点。

处理事实、观点和真理

当面临大量的阅读以及各种各样的观点时，你可能很容易陷入困惑，并且忽略事实、观点和真理之间的区别。意识到这个问题对于许多领域至关重要，尤其是人文、社会科学和法学领域的研究。

事实是公认的有效陈述，知识是从事实中构建的。在批判性思维的语境下，事实或者知识是进一步的理论化或者讨论的基础。通常，你会在教科书、百科全书或者网站中找到事实。并非所有的“事实”都是正确的——随着新信息的出现，事实可能随着时间的推移而发生改变，其中一些事实还可能引起激烈争论。因此，在学术背景下，重要的是确立事实来源和你援引信息的来源的可靠性。

在科学领域，事实的“可重复性”这一概念很重要。因此，确立观察的一个事实或者实验应当是能够重复的。这就是科学家们如此谨慎地描述其材料和方法的原因之一——结果有时候可能取决于这些因素。数据的不可靠性往往是公认的：与某个值有关的错误是计算出来的，或者一个预测值是建立在假设是错或者对的可能性的基础上。在讨论中运用事实时应当把这些信息考虑在内。

？我应当为自己思考吗

构建你自己的论点，而不是简单地遵循既定“路线”或者标准文本，通常更容易获得认可，当然你必须展示证实你立场的证据。即使评估者不同意你的结论，他们也会根据你展示结论的方式以及对于支撑性的证据的运用来给你不错的评价。然而，在某些领域，例如历史学、政治学和经济学，非常容易跑偏，得出武断的和有偏见的结论。你一定要杜绝缺乏事实依据的观点。

观点是对某一事物的看法，而该事物尚未完全被现有的知识所证实或者被视为一个判断。因此，在很多领域，例如在人文和社会科学领域，往往没有“正确的”或者“错误的”答案，只有一系列立场或观点。因此大家的观点可能有显著不同。你需要评估的是你为自己申辩以及用证据支持你的观点的能力。

真理通常在与事实——我们当前的知识状态——的关系中被定义。也就是说，如果某个事物符合已知的事实，它就能够被认为是真的。然而，真理的概念涉及大量的哲学概念（如“感性认识”），这可能使得问题复杂化。在辩论中，只有当辩论各方都接受某个事物时，这个事物才是真的。为了批判性思维的目的，如果能够证明某一论点缺乏可信度或者在某种程度上是无法接受的，将增加其对立论点的分量。

真理和事实的概念涉及客观性和主观性的概念。客观性意味着基于对有关事实的平衡的考虑；主观性意味着基于个人的看法。大多数学术研究以独立、客观的写作为目标。然而你陈述自己的观点是重要的，尤其是当证据指向广泛的观点时。关键是要拿出支持你观点的有效理由。

关于事实、观点和真理的例子

田径比赛中 100 米短跑世界纪录是 2009 年 8 月 16 日创造的 9.58 秒，这是一个**事实**。随着时间的推移，纪录可能会被打破，但是这个陈述将仍然是正确的。

一些人声称，许多世界纪录是由那些使用药品提高成绩的运动员创造的，这是一种**观点**。有证据支持这个立场，但是近期的争议已经凸显了在这些情况下证据的问题。那些有关滥用药品的声称容易受到揣测、质疑和反诉，不可能都是**真的**。

你的任务是识别事实与观点之间的不同并运用这种知识写作。不要回避争议，但是要分清事实、真理以及你对证据的看法。

证据和证明的性质

证据和证明的性质依据学科的不同而不同。

在科学领域，证据的性质最有可能是定量的，诸如数值和统计的汇总数据。这将是一次观察或者实验的结果。获取数据的目标可能是测试某种情形的一些假设。如果运用统计学，有可能对于该假设是否成立赋予一个概率。再比方说分子遗传学中获得的即使是显而易见的定性结果，也依赖假设给出多重解释。

科学方法和可证伪性

可证伪性的概念是科学方法的核心，它涉及通过关于现实的暂时概念（假设）不断地更新我们对世界的理解。可证伪性意味着，至少在理论上，能够通过观察或者实验来测试证据。因此，“希格斯波色子是否存在”是一种可证伪的概念；然而，关于外星生命到访过地球并消灭了所有证据的看法不是可证伪的。

“证明”一词在这样的语境下往往承载着不令人满意的确定性的内涵。因此，并不奇怪的是，对于大多数科学家而言，不存在这样的“证明”：始终存在一种替代的解释为真的可能性，不管这种可能性有多小。

在人文科学领域，证据在性质上更有可能是定性的，也就是说，是对一个事件的描述、解读或者观点。这里，证明仍然是一种非常难以捉摸的概念，因为它涉及呈现“有说服力的”证据（是程度的问题）以及说服的概念。

在英国的法律制度中，证据的概念有证明有罪和无罪的特别含义；就陪审团审案而言，必须征询这些社会代表成员的观点，即“在合理怀疑范围之外”证据能否成立。

定义：证据的类别

逸闻轶事证据：它们依赖其他人的间接经历，例如传闻。
旁证：间接的证据。
直觉：没有直接运用事实或推理所获得的个人感觉（预感）。
个人证据：通过一个人自己的观察或者经历获得。
科学证据：通过实验获得或测试的观察结果或数据。

得出一个立场并支持它

当围绕一个主题阅读文献时，在某个阶段，你应当详细地记录你或许要援引的信息和其他材料。此外，你也应当评价作者（们）的观点。你将发现自己会自然而然地为一些立场所吸引，而对其他立场漠不关心。这种“直觉”是形成你自己的立场的一个起点。

然而，在巩固你的立场之前，你应当对你所遇到的所有支持和反对的观点进行尽可能客观的分析。这些证据支持你最初的观点吗？如果不是，那么或许你应该改变你的观点。

在试图得出一个立场时要考虑的其他因素包括以下几点。

- **从导师那里获得的指导。**当然了，你不是必须遵循这一点（并且一些老师会给予那些能够支持相反观点的人高分），但是通常他们的建议背后有非常合理的理由。
- **该领域著名的权威作品。**同样地，你不是必须遵循他们的观点，但是基于研究和辩护，你应当考虑到这些观点有很大的可能性被使用。在很多情况下，你将面对彼此对立的信息来源。
- **同侪的观点。**其他学生并不是最可靠的消息来源，但是与你的朋友们讨论这些题目可以帮助你形成看法，可能你被一种论点影响而改变了看法，或者感觉有必要用另外一种观点来回复。在许多情况下，这种讨论发生在辅导课中，但是非正式的聊天同样可能有价值。

在与科学相关的领域中，你可能会通过建立一个专门用来测试某个假设的实验来对科学方法进行建模。你获得的数据将引导你得到一个与该假设有关的立场。然而，你必须注意考虑另外的解释或原因，来说明为何你的结果可能不像表面显现得那么容易辨认。参照适当的统计检验支持你的结论总是很有价值的。

你的观点能否站住脚，取决于你的论点有多大的说服力以及你如何运用支撑性的证据支持你的立场。证据有许多形式，包括：统计数据、引文、实验或者观察。你应当评估所有潜在证据的相关性和价值，并且必须确保援引信息的来源，否则可能出现无效证据并且你可能被指控剽窃。

你应当尝试得出一个**平衡的**结论，对那些相反论点和相反论据持开放态度。你必须解释其他人是怎样想的或者可能怎样想，然后解释为何你得出了自己的结论。

注意证据和证明的概念

- 展示证据来支持一种主张或者陈述事实；
- 说明所有证据的性质和可靠性；
- 引用参考资料来支持一种主张或者陈述事实；
- 当某种事物是观点而不是事实时要认识清楚；
- 当使用名词“证明”或者动词“证明”时要小心谨慎；
- 运用模糊语言来避免暗示确定性。

下文是两个学生尝试得出各自观点的例子：

1. 艾米的任务

艾米需要考察欠发达国家的妇女和女孩在教育方面的人权实践，并得出自己的结论。她积极投入到“救助儿童会”（Save the Children）的志愿者工作中，因此她对这个题目已经有了自己的观点。到目前为止，她已经进行了一些互联网搜索，并且找到了若干人权团体运营的博客；她也查阅了联合国儿童基金会的材料以及某份报纸的彩页增刊。她还在网上发现了一些证实她观点的 YouTube 视频。但在最后的陈述中，其他人似乎不认同她的观点，甚至认为她没有适当地研究该题目。她的导师也没有否认他们的看法。

分析

在最后陈述中，艾米的同学们的评估或许是正确的。她寻找的参考材料可能被认为是有偏见的，因为这些材料代表了压力集团或者利益集团的观点，它们的分析或许是片面的。同时，报纸的彩页增刊是由一位记者基于逸闻轶事而不是基于研究撰写的。没有可靠的、基于事实的信息和数据，艾米几乎没有实质性的证据支撑她的观点。或许联合国儿童基金会的材料能够为她提供一些权威的和有数据支持的证据。此外，她没有寻求更清晰地了解人权法律以及活跃在该领域的国际组织。她需要搜索文献以对这个题目进行学术分析并制订一份论文计划，展示更加平衡的论点，然后才能确认她最初的观点或者对该观点提出挑战。

2. 阿吉特的项目结果

阿吉特在执行生命科学领域的一个项目。作为调查研究的前奏，他要重复他的论文导师做过的一个重要实验。他已经尽可能地使用同样的细胞株（对分离细胞的培养）和同样的方法。他所使用的细胞株是完全相同的，但是因为最初的实验是在一段时间之前进行的，他只能采购新的化学物质来配置培养环境。他尽可能小心地配制了必需的溶液来建立培养环境，并测量结果。这时出现的唯一问题是，他的结果与导师的结果并不相同。他为此感到烦恼，担心某些方面出了错误，也不敢告诉导师。在担心了两个星期之后，他决定用余下的溶液重复这个实验——这一次“做成了”。然而，阿吉特怀疑这个结果，因为溶液有轻微的污染，于是他配制了新的溶液，重复了之前的程序。这次结果与他最初的尝试相同。阿吉特去图书馆寻找有关该溶液中化学物质的信息——显然溶液中某种物质是不稳定的并且容易被氧化。当使用的溶液中有这种降解后的化合物时，所产生的就是导师得出的结果。他现在在该项目上已经没有时间了，别无选择而只能确切地写下他已经做了什么，他的立场是导师最初发布的结果是因为其中的化学物质降解了。他担心这个研究的得分会非常糟糕。

分析

阿吉特最初所持的观点是基于文献，但是当证据指向其他方向时，他有勇气改变自己的观点，尽管这似乎与他导师的结论相冲突。在这个事件中，阿吉特的导师对于这些发现感到很高兴，也对阿吉特在研究中所展现出的批判性思维印象深刻。原来这位导师的最初结果与其未发表的报告的结果也不一致，而阿吉特关于初始溶液化学物质有活性的发现提供了关于细胞株反应系统的新指标。他因为敏锐的观察之后的处理方式得到了高分，还被邀请在假期参加一些有资助的研究，这样可以就新的成果撰写一篇论文。

得出一个立场

◎ **在评估中更重视内容而不是展示。**仅仅是因为内容得到了很好的展示（例如发表在光鲜的杂志上或者出现在一个制作精良的网站上）并不一定能说明它的内容质量。要尝试透过表面看待事物。

◎ **努力保持健康、独立的怀疑。**不论一个信息的来源看起来多么可靠，对于所涉及的事实或理念保持一定程度的怀疑，并质疑论点的逻辑或许是一个好主意。就连主要文献的信息也可能是不完美的——由于写作时人们还不一定理解，采用不同的方法可能得出不同的结果。此外，尽量不要太过强烈地认同一个观点，以免影响你客观地评估其优点和缺点。

◎ **全面看待一个问题。**这意味着要认识到，一个人最初的立场可能是无意识的偏见的结果，因此你应当有意识地尝试以不同的方式看待问题。这样做的方法之一是，想象一个问题中的不同“利益相关者”可能会想什么或者说什么，甚至思考这些群体里可能包含什么人，可能带来什么新的见解。

◎ **不要害怕你的观点与众不同。**许多进步的发生是由于人们敢于提出全新的想法。然而，要始终确保你能够用有效的证据支持你的立场。

GO 现在就开始行动吧……

- **思考证据的性质。**翻阅你的笔记查找资料，并回顾老师上课时展示要点的方式。证据信息来源清楚吗，能让你理解该学科事实的起源是什么吗？

- **反思你在一个具体问题上的立场的起源。**在讨论一个道德议题、政治议题时，或者是在一场学术辩论中，你在确定立场时几乎没有遇到困难。想一想：你为什么按照这种方式思考？思考某些人物、事件或者书籍等的影响。你为什么被说服采纳一种特殊的观点？这在多大程度上得到了证据的支持，或者是否在一定程度上是依赖于直觉的？你在学术情境下捍卫这种立场遇到问题了吗？对于应当如何处理这样的任务让你明白了什么？
- **分析政治人物或者博学者的主张。**在看电视辩论、新闻报道或者体育节目时，注意他们运用证据的方式。他们有偏见吗？消息来源可靠吗？他们有没有公平地援引消息来源？采访者、评论员或者反对者是如何质疑这些主张的？其中涉及对事实的争辩吗？以这种方式实践对立场的分析，应当会帮助你更严谨地思考自己和其他人的观点。

第 6 章

支持或反对一个论点：如何通过讨论和辩论表达你的观点

一旦你形成了某种观点，你需要清晰地陈述你的观点，提供证据支持它并且有说服力地证明这种观点是有根据的。本章阐明了如何最佳地表达观点。

“争论”一词有若干种解释。通常它指的是“以某个分歧为中心的讨论”。这的确是对一些学术辩论的精确描述，但是在学术领域中的定义是“一个旨在展示真理或谎言的推理过程”，其本质就是有逻辑顺序的一系列陈述。你的任务可能是阐明支持或者反对这个推理的理由。

提出观点所需要的技巧

讨论和争论需要良好的批判性思维技巧。你必须能够根据你面临的情况，分析和理解论点，用你自己的话重新组织语言，或抨击或捍卫它。

提出你的观点

讨论和更为正式的辩论是学术研究和工作中至关重要的一部分。在任何领域，一个有根据的立场都应当能够被捍卫。同理，你应当觉得能够抨击一个自己不赞同的立场。在某些情况下，捍卫和抨击的行为是人为模拟的探索立场的工具，比如在写作论文时就会模拟这样的讨论。

这样做的基本规则如下。

- **陈述你的观点**。当然了，这要求你首先就这个主题得出一个立场，然后清晰地阐释这个观点，并且，在必要的时候有逻辑地展示你得出这个观点的步骤。这时提供一定数量的背景信息是重要的。
- **提供推理和证据**。作为得出观点的一部分，你应当对这个主题已经研究得很透彻，而且这是你总结关键证据的机会。在这里要避免陷入细节的泥潭，否则你会面临丧失受众的注意力的风险。

把注意力聚焦在论点上

在处理复杂问题时，人们很容易陷入细节的泥潭。要通过时不时地重复关键主题来避免这种情况。你可以运用诸如“关于……的主题”或者“这说明……”等措辞让你时不时重复或者总结你的立场。另一个方法是给你的要点“编号”，如第一……，第二……，让受众知道你的观点展示处于什么阶段。

- **陈述相反的论点以及你反驳的要点**。这迫使你识别和面对你的立场中的潜在弱点，这也是得出合乎逻辑的观点的必不可少的一部分。如果你已经对任务进行了详细而彻底的思考，应当不难指出其他论点中的瑕疵，记得运用证据支持你的观点。
- **得出结论**。在这里总结支持和反对你的立场的关键证据，保持前后一致，并以重述你的观点和你为何觉得这是有效的来结束。

当讨论的媒介是写作时，你可能需要提供关于你援引证据的来源。

用写作支持你的观点

在进行学术主题的讨论时，你将注意到用来凸显具体观点的各种修辞手法。本书第 15 章至第 18 章提供了关于学术写作的架构、语言和展示的通用指南。本章的焦点在于有说服力的写作技巧，有时候这被称为修辞学。这些方法很重要，因为写得糟糕的论证、苍白的表述将无法说服人，并可能导致较低的评价。

表 6–1 概述了说服人的 10 种常用方法，在工作和生活中灵活地运用它们，可能带来不错的效果。然而，某些说服形式很容易做得过火，并且如果被错误地运用，甚至可能成为谬误的来源。此外，在政治、广告和酒吧间争论中常用的某些方法，在正式的工作报告和学术论文中是不可接受的。包括：

- 运用情绪化的或者轻蔑的（贬损的）措辞；
- 在未能证明确定性的时候暗示确定性；
- 使观点听起来像是事实；
- 选择性地使用信息；
- 不正当的简化和归纳；
- 运用夸张和戏剧型的事情；
- 未经证实的逸闻轶事或者虚构的例子。

表 6–1　　说服的 10 种技巧

1. 创立一个问题并帮助解决	说服你的受众，使他们确信存在一个至关重要的问题，并且你所青睐的解决方案是最佳的。他们越是清楚地认识到问题或者问题的后果，越倾向于支持你的论证，并且潜移默化地接受你的答案。这种方法在广告中用得很多
2. 为你的答案创立一个一致且符合逻辑的路径	从受众容易赞同的一点开始，然后引导其一步步走向你的结论，每一个元素基于前一个元素继续发展。要使得其中的联系清晰可见。受众将发现难以回避你的逻辑

续前表

3. 给出赞同的原因	解释赞同你的推理过程的优势和不赞同的劣势。这将增强你在受众心目中的分量。帮助受众想象在不同情境下的结果。解释为何事情很可能如你所预料的那样发生
4. 提供证据	用支持你的论据的相关信息支持你的论点。质疑那些反对你的观点的人所使用的证据
5. 以不同的措辞重复你的论据	重申你的论点若干次，希望它能引起注意。运用不同的方法重复，诸如直接陈述、隐喻（见第 9 点）或者逸闻轶事（见第 10 点），否则可能令受众反感
6. 让你的受众思考	为什么不运用反问句来这样做呢？运用这样的疑问句，然后你为读者 / 听众回答问题。反问句是吸引受众的好办法，能被用来引导受众接受你所青睐的答案
7. 处理潜在的反对	引出受众可能会提出的任何异议，然后反驳每一个异议。受众将只剩下一条路：赞同你
8. 帮助受众认同你的论点	有若干方法能做到这一点。你可以确立共同点，并且引申开来，确立共同目标；让受众感觉他们在参与一个秘密；运用幽默；将问题及其解决方案个人化
9. 混合使用表达论点的方式	运用隐喻、明喻和类比重申你的观点，这可以吸引不同类型的受众
10. 举例说明你的论点	讲一个故事。通过有趣的趣闻轶事引导受众。这将有助于他们想象问题和解决方案。如果适合的话，运用可视图像

注：这些技巧能够被用于书面争论和口头争论——这里的“受众”一词既能指读者，也能指听众。

其中的一些方法可以被归类为宣传，即提供有强烈偏见的或者片面的信息。运用其中任何一种方法都将导致你的作品被打低分。

关于口头讨论的建议

发生口头讨论的主要的学术情境是辅导课以及在诸如委员会和项目组的工作小组中。本书第 9 章讨论了这些小组的行为和运作。尤其是表 9–3 提出了与在这些情境下你或许会遇到的“人物”进行互动的方式，包括促进在场所有成员之间平衡观点交换的建议。

辩论是更加正式的讨论场合，往往是在不同小组之间进行。辩论有若干种形式，每种形式都有其自己的规则。模拟辩论会是法学中运用的特殊辩论。如果被要求参与一场辩论或者模拟辩论会，你应当与你的团队成员（们）认真准备。这些类型的展示需要灵活的脚本，因为，如果你未能就对方辩手的观点做出反应，受众或者裁判将不会支持你——而且在你听到对方的观点之前，你无法轻易地做到这一点。

定义：隐喻、明喻和类比

三者都涉及比喻，但是它们有细微的差别。

在隐喻中，对一个词语的运用似乎是脱离了语境，代表着另一个真正的意思，例如，“批判性思维是得到更高分数的引擎”。

明喻是隐喻的一种，使用“好像”或者“仿佛”等词语来对两个事物进行直接的比照，例如，“批判性思维就像卫星导航，使你找到通向答案的道路”。

类比是将两个事物进行比照，指出它们的共同特征，例如，“批判性地思考与侦探工作都是得出答案的手段”。

辩论的一个有趣的特征是辩论双方轮流说话，这样一来双方有均等的机会提出他们的观点。在参与不那么正式的讨论时，你应当遵循这一原则，即在你自己发言之前有礼貌地倾听其他人的观点。表 6–1 中列出的许多说服技巧可以运用到辩论中，理解这些方法可能帮助你反击。

关于正式的争论过程的例子

辩论

最为常见的形式之一——“牛津式”辩论，有四位发言者，具体如下。

- 每个小组由一位提议人和一位附议人构成。
- 每个小组要么提出，要么反对一项动议，需要按照诸如“本院认为”这样的陈述框架提出动议。
- 小组成员轮流发言：

1. 第一位提议人发言支持动议。
2. 第一位反对者发言反对动议。
3. 第二位提议人发言支持动议，通常反驳反方最初的观点。
4. 第二位反对者发言反对动议，通常反驳提出动议的小组最初的观点。
5. 向受众（“与会者”）提出问题。
6. 第一位提议人总结正方关键论点。
7. 第一位反对者总结反方关键论点。

- 在辩论中，对方可能提出“信息问题”（可能争论已经被展示的信息）或者“程序问题”（程序视角的争论）。
- 进行投票，或者是由评判人员宣布获胜队伍。

模拟辩论会

“模拟辩论会”旨在讨论一个或若干个法律问题，往往以一个模拟案例为中心。辩论的每支队伍由一位高级法律顾问和初级法律顾问构成，两只辩论队分别代表上诉人和被告。确切的规则依据所模拟的法律体系的不同而不同。在模拟辩论会中，法官可能询问参与者有关法律要点的问题。

许多人发现，在公共场所演讲是相当令人望而生畏的。其实，练习得越多，发表公共演讲就越简单。拥有对他人发表演讲的机会对未来工作是很有价值的准备，在工作中进行演讲展示是司空见惯的事情。下文提供了**公共演讲的实用技巧**，包括在演讲之中或者之后回答问题的窍门。这里“受众”指的是“你发表演讲的对象”。

一般建议

这些建议适用于所有形式的演讲。即使是对于相对非正式的情形，你也应当确保遵循沟通的基本规则。

- **准备充分**。如果你不理解你的题目，那这一情况将很快暴露出来。
- **吸引受众的注意力**。直接面向受众讲话，而不是面向地板、你的笔记本、屏幕或者远处的墙壁讲话。要有目光交流。
- **从受众的反应中获得线索**。看受众的脸；如果受众似乎不理解你说了什么，你要以不同的方式重复你说的话。如果受众显得厌倦，你要加快速度，或者提出一个反问，以促使他们进行思考。
- **想象受众是你的朋友**。带着热情、温暖和真诚的感情对他们讲话，他们将会做出相应的回应。
- **确保人们听到你讲的内容**。在演讲的开始，询问坐在后面的受众是否能听清你的讲话。
- **不要讲得太快**。讲话太快是神经紧张的常见反应。尽量放慢语速并且口齿清晰。

适用于正式场合的建议

基于受众数量较大，以及演讲可能被评估的事实，正式场合的演讲往往令人紧张。在正式场合，你更有可能使用技术，但这也会给你带来挑战。

- **衣着得体**。着装干练且舒适。
- **核实地点**。这能够使你在演讲时更加自在，并确保你熟悉现场，比如现场的照明和信息技术系统。
- **不要照稿子读**。照本宣科可能显得呆板。相反，要运用提示词语（例如 PPT 中的要点）来展示你演讲内容的结构。
- **确保看到你的视听设备正常运作**。如果你运用某种类型的投影系统，要确保你或者你的影子没有阻挡投影。
- **深呼吸可以降低紧张感**。在对受众讲话之前，以及在演讲的停顿中，你都可以进行深呼吸。
- **放松并尝试享受这个场合**。如果你能从演讲中获得乐趣，你的受众也将享受你的演讲。

回答问题

不知道会被问什么问题会让你感到失去控制，而如果你不知道答案的话可能会显得愚蠢，这些都会导致你感到焦虑。

- 为可能的问题做准备。想想人们可能会询问什么问题并准备好答案。在准备中可以请朋友或家人问你问题。
- 如果你没有充分理解一个问题，请求对方解释一下。如果问题的一部分模糊不清或者对你来说似乎讲不通，你也可以请提问者或者主持人重复问题。
- 为了让那些可能没有听到的人明白，你需要重复一下你的问题。提问者面对的是你，而不是受众，其声音可能模糊不清。这样做也能够为你争取时间来彻底思考并构思答案。
- 先思考再回答问题。不要将你下意识想到的东西脱口而出，而是花时间权衡不同的方面。你可能觉得停顿太长了，但是受众的感受并非如此。
- 如果你不知道答案，就说不知道。当讲话者胡扯时，每个人都能意识到这一点。你可以尝试着说："目前我不知道答案，但是我会找出答案并回来告诉你……"

识别论证中的谬误

剖析论证的能力是批判性思维的一个关键方面。在某些情况下，你将尝试理解和反驳一个观点，而在其他情况下，你将构建一个条理分明的观点。在这两种情况下，你都需要评估论证是否合乎逻辑以及论证中是否涉及谬误——失败的推理。当一个论证表面似乎有效，但是有逻辑缺陷，或者是基于可能不真实的假设时，就会产生谬误。

当被展示了大量的事实、复杂的论证或者强烈的措辞时，要尝试不要被这些迷惑。透过表面分析推理的基本思路，有时候你会感觉到某个东西是错误，一旦产生这种感觉，你就要立即找到它；有时候只有在仔细检查之后，错误才变得清晰可见。发现谬误的一个好办法是研究谬误的基本类型，然后通过类比，将这种理解延伸到你所面对的论证。

不幸的是，现实中存在许多不同类型的逻辑谬误——一个网站的信息来源就识别出了超过 70 种逻辑谬误。这里我们重点关注的是你最有可能遇到的一些谬误，如表 6–2 所示。一旦理解了这种思维方式，你就能注意到在广告、政治和报纸的意见栏等领域频繁出现的有错误的逻辑和辩论把戏。分析在这些展示中所运用的方法，是实践你的批判性思维技巧的有益方式。

表 6–2　在论证中发现逻辑谬误、偏见和宣传手法的一些常见例子

谬误或者宣传的类型	描述	例子	如何抵制这种方法
诉诸人身	攻击提出论点的人的性格，而不是攻击论点本身。在媒体和政治中这种做法尤其常见	总统的道德行为可疑，因此他的财政政策也一定靠不住	提出此人的性格与此不相关
诉诸群众	对于论点的支持是基于它是一种流行的观点。当然了，这并不能说明它本来就是正确的	多数人都支持对故意破坏文物者实施体罚，因此我们应当引入军训式矫正中心	当思考是非曲直时，小心提防从众效应和同侪压力效应
诉诸权威	对于论点的支持是基于某位专家或者权威的结论。如在广告中，频繁出现的名人背书和推荐	我的教授是我非常敬仰的人，他相信史密斯的理论，因此这个理论一定是对的	指出不同意这种观点并且解释为什么。聚焦于项目或者论点的关键性质
诉诸无知	因为没有证据赞成（或者反对）某种情形，所以这种情形一定是错误的（或者正确的）	你没有不在场的证据，因此你一定是有罪的	指出在缺乏证据的情况下，这个方向上的任何一种结论都是可能的

续前表

谬误或者宣传的类型	描述	例子	如何抵制这种方法
有偏见的证据	挑选例子或者证据支持或反对某种情形	一位作者只援引那些支持他观点的人的话，而不援引反对者的话	围绕该题目进行阅读，包括那些有不同观点的内容并尝试找到平衡
委婉表达和行话	运用措辞隐藏真正的立场或者夸张对手的立场——用文雅的或者表达情绪的语言以求达到效果。运用技术词汇来显示权威	作为垂直运输技工，我习惯了在责任重大的岗位上工作	当心那些可能影响你考虑证据的（不必要的）形容词和副词
重复	反复地重复同一件事情直到人们相信它	在政治、战争宣传和广告中很常见	留心广告语的重复以及缺乏有实质性论证的情况
假两难推理	只提供在一些选项之间的选择，而实际上可能还有其他可选项	可以用 A 药品或 B 药品治疗该患者。B 药品有副作用，因此我们应当选择 A	展示其他可选项
滑坡谬误	是一种看法，认为向某个特定方向的一步将启动一连串的事件，导致不受欢迎的结果	如果我们允许一处房产成为多用途的房子，很快整条街将充斥这样的房子	指出沿着该链条的事态进展而非预先设定结论
运用相关性来暗示因果	通过暗示两个事件之间存在相关性（即它们一起出现或消失或者一起上升或下降）来使人们相信其中一个事件导致了另一个事件的发生	每当我穿着这件幸运外套时，我的球队就会赢	指出两者绝非有联系，或者可能还有其他的因素导致了有关事件的发生

续前表

谬误或者宣传的类型	描述	例子	如何抵制这种方法
稻草人	对一个立场进行歪曲陈述，以便制造一个容易被接受或者被排斥的非实质性论点，而事实上没有论及核心问题	那些寻求避难的人都想要利用福利制度获得好处，因此我们应当拒绝他们	指出谬误，并聚焦核心问题
轶事证据	运用不具代表性的例外来反驳基于统计证据的论点	我奶奶是一位重度吸烟者，她活到了95岁，因此吸烟对身体无害	考虑证据的总体分量而不是孤立的例子

如何展示观点

◎ **保持事情简单而不过分简化。**你的论点应当使人容易理解，不要提供过多的例子或证据。然而，你的论点应当承认真实生活情形中的复杂性。

◎ **始终彬彬有礼。**人们很容易迷恋一种观点并且对于反对该观点的人感到恼火。为了学术目的，你应当始终尊重你的“对手”，并且用礼貌和风度挫败他们的观点。绝不要提高你的嗓音或者侮辱对手。

◎ **如果是正式演讲，那一定要尊重时间限制。**超时是非常失礼的行为，并可能使他人失去发表评论或者展示自己的机会。为了避免这种情况发生，多加练习并在必要时调整你演讲时间的长度。要留出大约10%的额外时间，来应对进入状态较慢、意料之外的中断以及语速过慢或者中途讲了额外的话等情况。

◎ **清晰地陈述你的“干货信息”。**这是你最想要受众在阅读了你的作品或者听了演讲之后记住的要点。在展示结束时要充分、清晰地表明这一点。

GO 现在就开始行动吧……

- **回顾你自己的一段写作（或者是来自演讲或者阅读书目的材料）并检查是怎样运用说服的方法的。**看看你能认出表6–1中覆盖的多少种方法，或者你还成功地运用了其他的哪些方法？
- **充分利用各种机会练习以便增强信心。**比如在一次会议上发表评论或者在其他交流中提问——任何可以减轻害羞以及使你习惯于听到自己声音的事情都能使你受益。
- **进一步观察存在谬误和有偏见的模糊世界。**有一些非常好的网站提供了关于不同类型的谬误和有偏见论点的列表，并附有例子，试着在搜索引擎中搜索“谬误”和“逻辑谬误”来研究它们。有时候不仅搜索结果非常有趣，你还会发现理解能力的提高改善了你的分析和辩论技巧。

HOW to Improve Your Critical Thinking & Reflective Skills

第7章

解读和处理数据：如何处理图、表格、公式和基础的统计数据

在学习和工作中，你将遇到各种形式的数据，包括图、表格和统计数据。理解它们意味着需要你掌握关于展示数据中所运用的格式的知识，连同解读和数值分析的技能。

在许多领域中，能够解读数据都是一项重要的思维技能。它可以帮助你解读复杂的结果并更加充分地理解它们的含义。展示数据有许多方式，所选择的方法可能对你的分析造成影响：

- 如果人们认为可视化展示将帮助解读，那就用图形展示数据，但以这种格式呈现的结果很容易被曲解；
- 表格以简明的形式提供详细的数据值，但是大量的数字可能使人困惑，疑惑它们意味着什么；
- 统计数据被用于显示差错的规模或者某种假设正确或者不正确的可能性，但是统计数据可能涉及难懂的概念，并且只能通过专业知识才能解读其确切含义。

在某些情况下，对数据的展示可能被操纵以改变结果。因此，当你在解读图、表格和统计数字时，合理的批判方法是必不可少的。

如何“读”图

如下的元素出现在大多数的图表和示图（合称“图”）中，但不是全部。图 7–1 展示了标准的标绘曲线图。分析这些特征将有助于你搞清楚特定图表的意思。这种类型的图运用 x 轴和 y 轴以及点和线来表示两个变量之间的关系。

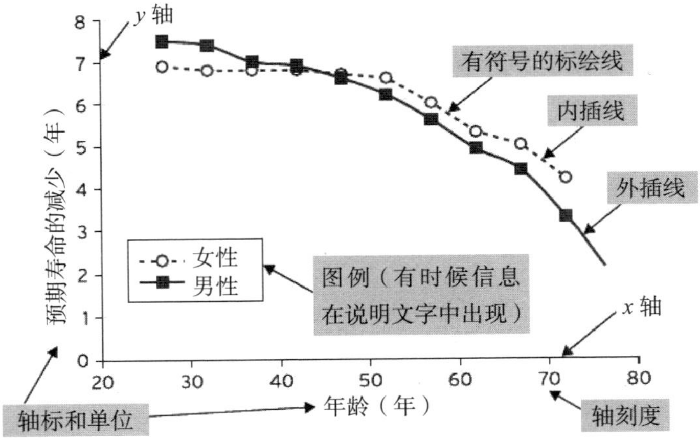

资料来源：数据修改自 Rogers, R.G. 和 Powell-Griner E.,1991。美国的吸烟者与非吸烟者的预期寿命。*Soc. Sci. Med.*，32，1151-9。

图 7–1　标准的标绘曲线图的基本组成部分

- **图标题及其说明文字。**这些应当出现在图的下方。首先阅读它们，以确定总体的语境并获得有关该图展示的信息。如果说明文字是详尽的，那么你可能需要稍后重新查看它以帮助你解读。
- **图的类型。**随着经验的积累，你将可以识别出你的学科中常见的图的基本类型（见图 7–2）和其他类型。这将有助于你认清形势。例如，饼状图通常用于展示总量中的各个成分的比例。
- **轴。**许多形式的图表描绘了两个变量（方便起见，称其为 x 和 y）之间的关系。它们往往被展示在彼此呈直角的两个轴之间，水平的

x 轴往往与“受控”变量有关（例如，浓度或者时间），纵轴 *y* 轴往往与“被测”变量有关［例如收入、重量（质量）或反应］。可以在同一张图表中绘出不止一个被测变量，要么是使用同一条 *y* 轴，要么是运用第二条 *y* 轴，参见图 7–3（b）。有些类型的图表并不遵循这种模式，如果你不熟悉其形式，可能需要进一步的探究。

- **轴刻度和单位**。轴刻度应当说明轴表示什么以及所使用的单位。每个轴应当通过一系列交叉标记清晰地显示它所覆盖的值的范围，以标明刻度。为了解读图表，你也需要了解有关的单位。一些轴的原点并不是零，或者是刻度中包含断点，其他的一些轴可能是非线性的（例如，对数轴有时候被用于覆盖特别广泛的数字范围）。在这些情况下要留意，因为这可能意味着该图夸大或者强调了不同数值之间的区别。例如，对比图 7–3 的（a）与（b）。

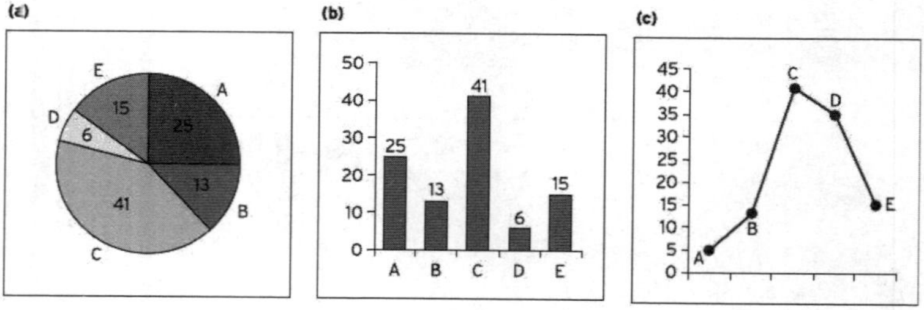

图 7–2　常见的图

- **符号以及标绘曲线图**。这些有助于你识别所展示的不同的数据集以及每个集合中的不同点之间的关系。有的时候，你可以把图例或图解包含在内，以便使它更加清晰。你的解读可能聚焦在关系的不同上，并且不可避免地聚焦在标绘曲线图（也被称为“趋势线”）上。然而，最重要的是要意识到，有关的曲线知识在测量值之间的假设的内插；或者，更糟糕的是超越测量值的外插；而且，由于它们可能涉及有关数据中的趋势的假定，你应当小心地审查它们。符号也可能包括有关所收集数据的可变性的信息（例如，误差条形图），这些信息提供了关于数据和所假定趋势的可靠性的有用线索。

图 7–2 中这些常见的图形式是图 7–1 展示的标准标绘曲线图之外的图形：（a）饼状图，显示总量的百分比；（b）直方图，显示不同类别的各自数量；（c）折线图，显示所计算的数据在一个连续范围中的分布。

定义：图表中的趋势线

内插——在可得的数据点之间的一种假设的趋势或关系。

外插——在可得的数据点之前或者之后（之上或者之下）的一种假设的趋势或关系。外插是有风险的，因为能做出一个趋势将会继续下去的假设，而实际上可能没有多少支撑性证据说明这将发生。

下文的清单提供了你在第一次看一张图时应当关注的方面。

解读图表时使用的清单

- 通过阅读标题、图例和主要文本来考虑语境；
- 识别图的类型；
- 考察各个轴表示什么；
- 检查各个轴的刻度；
- 研究符号和标绘曲线图；
- 评估误差条形图或统计数字意味着什么；
- 根据线中的趋势、它们的最大值 / 最小值或收敛 / 分散，等等，搞清楚结果要展示什么。

图如何误导

通过研究具有误导性的图以及认识到为什么它们可能导致错误的解读，你能够学到很多关于数据展示的知识。参阅图 7–3 中的一些例子。

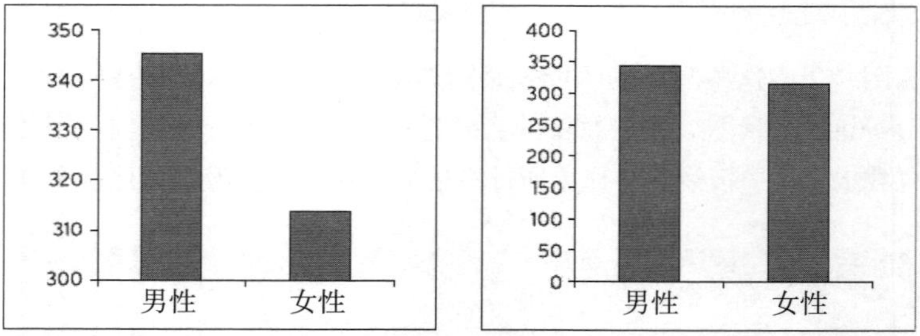

（a）**对非零轴的运用**。在左边的图中，看起来似乎男性和女性之间的差异很大；然而，当 y 轴归零后，如右边的图所示，两者的差异就不那么显著了。

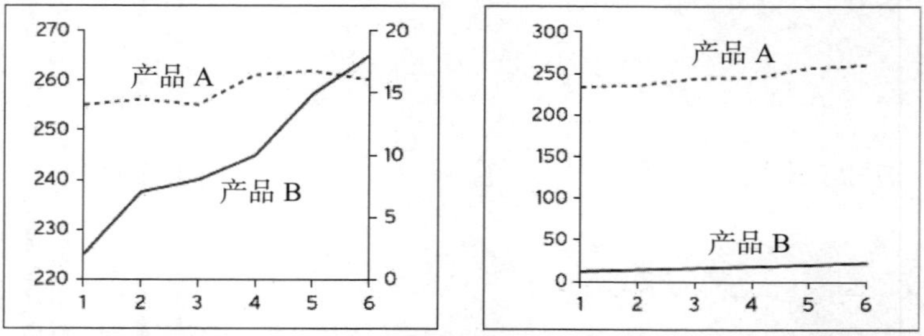

（b）**对不同的曲线运用了不同的 y 轴**。在左边的图中，看起来仿佛产品 B 的销量追赶上了产品 A；然而，当两条曲线使用同一条 y 轴后，可以看出产品 A 的销量远远高于产品 B。

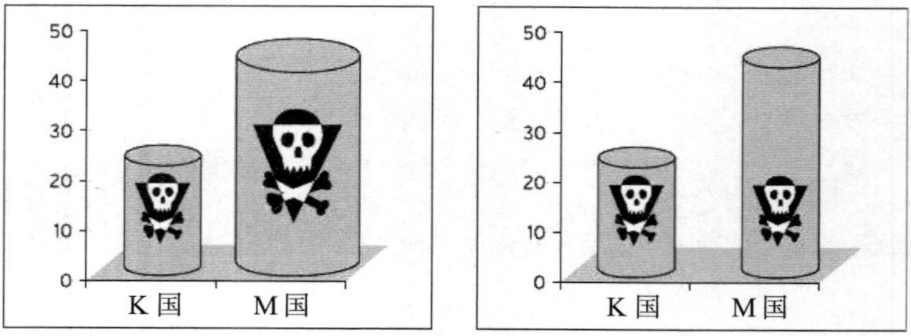

（c）**运用两维或三维的物体来代表线性刻度**。在左边的图中，桶的直径与 y 轴的刻度保持了相关性，因此使得看起来 M 国产生的有毒废物比 K 国多出很多。右边的图给出了真正的线性展示。

图 7–3　三种常见的有误导性的图

你将看到的一些图可能会利用这些“花招”来强调不同之处和趋势。这并不总是坏事，但是至关重要的是，要意识到可视化展示可能给你的理解带来偏见的事实。如果有疑问，要将所选择的一些数据转换为数字并且在这个“原始”状态下重新查看，这往往是个好主意。

如何“读”表

一张好的表格以紧凑的、易于理解的格式展示数据。总的来说，表格被用于以下的情形：

- 当图不适合展示一些或者所有数据时（例如，当一些数据是定性的数据时）；
- 当有太多的数据集或变量，一张图无法包括在内时；
- 当受众对一些数据的确切值感兴趣时；
- 当需要把大量的初始数据记录在案时。

定义：数据类型

定性数据——这些数据是描述性的、非数值的，诸如颜色、产地或者名字。

定量数据——这些数据能够用数字表达，诸如长度、高度或价格。

在大多数表格中都会出现如图 7–4 中展示的元素。对这些特征的分析，将帮助你搞清楚在一张具体的表格中的数据意味着什么。

注意，这里包含了阴影，以强调表头和数据部分，在正式的学术表格中，阴影通常不会出现。

- **标题和说明。**提供了图表内容的快速导读。
- **布局和表头。**每列将展示特定类型的数据，描述性的表头应当反映这些内容，并给出定量数据的单位。每一行可以展示关于这些数据类型的不同实例。花时间运用表头在你的头脑中形成一张关于该表格的“地图”是值得的。

- **画线**。在某些情况下，这些能够帮助你将不同类型的数据进行分组；然而，现代的风格往往将对它们的使用局限在水平线上，如图 7–4 所示。然后，你将必须依靠行间距和列间距来区分数据类型——对于大型表格，可能需要使用荧光笔在副本上标出关键信息。
- **数据值**。这些将按照适当数量的有效数字展示，这是应予以说明的。任何的误差值都应当被用于指出该数据的可靠性如何。
- **脚注**。这些能够被用于解释缩略语或者给出特定情况的详情。仔细研究它们很重要，因为它们可能提供有关意义的必要显示或者凸显例外的数据。

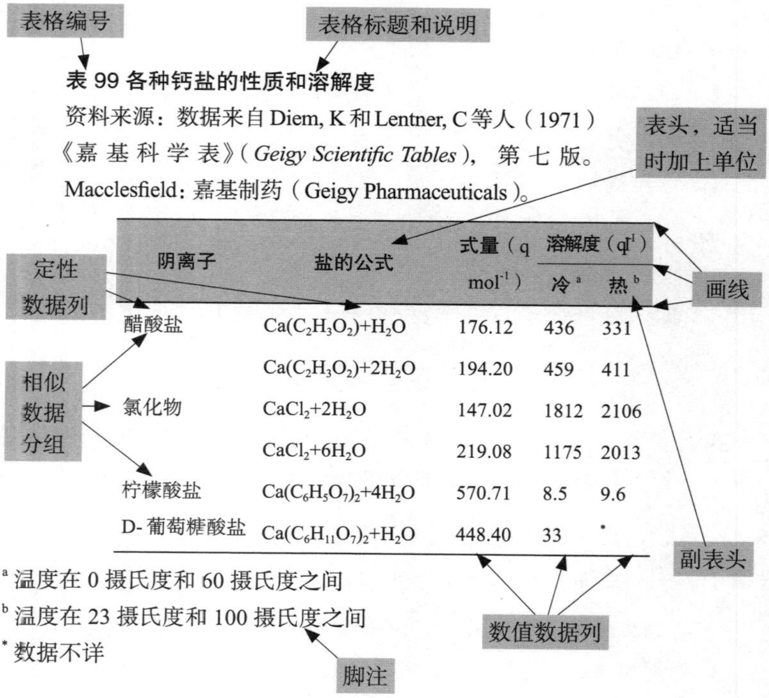

表 99 各种钙盐的性质和溶解度

资料来源：数据来自 Diem, K 和 Lentner, C 等人（1971）《嘉基科学表》(*Geigy Scientific Tables*)，第七版。Macclesfield：嘉基制药（Geigy Pharmaceuticals）。

阴离子	盐的公式	式量（q mol^{-1}）	溶解度（ql^{-1}）	
			冷[a]	热[b]
醋酸盐	$Ca(C_2H_3O_2)+H_2O$	176.12	436	331
	$Ca(C_2H_3O_2)+2H_2O$	194.20	459	411
氯化物	$CaCl_2+2H_2O$	147.02	1812	2106
	$CaCl_2+6H_2O$	219.08	1175	2013
柠檬酸盐	$Ca(C_6H_5O_7)_2+4H_2O$	570.71	8.5	9.6
D- 葡萄糖酸盐	$Ca(C_6H_{11}O_7)_2+H_2O$	448.40	33	*

[a] 温度在 0 摄氏度和 60 摄氏度之间
[b] 温度在 23 摄氏度和 100 摄氏度之间
* 数据不详

图 7–4 表格的基本组成部分

在解读表格时，你往往只对表格的一部分感兴趣，很容易被余下的部分“淹没”。如果你隔离出相关的信息并创造一张新的“迷你”表格或者图，供自己使用，或者进行进一步的计算（例如，将一个值表示为另一个值的百分比），那可能帮助你解读这些结果。

这些信息是如何与我的图和表相关的

当你在构建自己的数据展示时，这里的解读图和表的建议应当对你有帮助。你的目标应当始终是让你的受众尽可能很容易地透彻理解数据背后的意义。尤其是，在构建自己的图表时，你应当尽量避免图 7–3 中所展示的任何形式的误导。

在数值问题中运用公式

许多领域都需要计算技能，尤其是市场、销售。在许多情况下，所涉及的数学并不特别高深，掌握逻辑的方法加上代数和几何的基本原理就够用了。

等式（公式）经常被用于运用变量、常量和数学运算来为现象建模。相关的问题往往要求你对等式进行重新整理。例如，如果你想要找到一个公式中的一个具体的变量或常量，你可能希望依据其他已知的变量和常量来表示它。这种关键的数学技巧通常涉及在等式的左右两边都进行运算，以便某个具体的项从一边“消失”并在另一边重新出现。在这样做之前，你可能需要将一些项进行简化，或者用不同的数学方式来表示它们。

创建个人化的公式清单

在工作和学习中，你遇到的问题中可能会有频繁出现的公式，归纳总结并做成个人化的公式表，这样做有很多好处。

如下是解决数值问题的一种潜在方法。

1. **尝试搞清楚在相关情况下适用哪个公式。**如果你没有立即确认哪个公式适用你的问题，仔细考虑已给出的值和范围，并搞清楚哪些出现在你正在考虑的备选公式中。
2. **陈述你的假设。**如果建模运用的是一个“完美的”形状或对象，你应当陈述你所做的假设。在讨论你的结果时，你可能也希望陈述为什么这些在实践中或许无效。
3. **展示中间的计算过程并且简明地表达你的答案。**如果你在答案中一步一步地解决问题，即便你把一个简单的数字计算错了，你也能获得步骤得分。通过重复要求你展示的内容及其数值（包括相关的有效数字，并用尺子在其下面划线来展示你的答案，如：该患者的大脑总质量为 1.34 千克（三位有效数字）。
4. **检查答案的单位和数值范围。**第一，确保你已经将任何答案转化成问题中所要求的单位，并依据规定或者在你看来似乎合理的有效数字。第二，确保你的答案没有高得离谱或者低得离谱。面积和体积尤其难以想象。如果可能的话，要尝试将它们与“真实生活中的”物体联系起来——例如，想象你得出的数值与你熟悉的哪种东西（例如，一张邮票、一张纸、一杯啤酒，等等）的价值接近。

理解描述性统计

描述性统计被用于简化复杂的数据集，总结数据在数据集中的分布，以及提供对于总体（population）的频数分布的值的估计。后者是表达了数据沿着“受控”变量或者 x 轴分散开来的方式，并往往涉及将数据置于不同的类别之中。

经常被引用的两种类型的描述性统计有：

- 位置量数。描述频数分布的“中心”；
- 离散量数。描述数据在频数分布之内的分散程度。

定义：频数分布

这是对一个变量的值出现的频率的描述。如果你对采样中的实际分布感兴趣，可以使用频数多边图［图 7–2（c）］来表示。你或许也对基础的总体频数分布感兴趣。这通常是理论上的，可以用一条代表模型函数的平滑曲线来表示它。

表 7–1 概述了不同的位置量数和离散量数。每个量数适用于特定情形。在解读数据时，你应当把这张表格的第 4 列中指出的优势和劣势考虑在内。例如，当均值通常被用于总结一个数据集的中心位置时，可能对于异常值（被定义为远离余下值的个别数据）敏感。对于小型的数据集来说，这可能尤其重要。

评估离散值尤其重要，因为离散值估计了数据中存在的误差。离散值提供了对于具体的统计数字的可靠性的标识，也显示了那些数值不同的数据是否能够被视为彼此“显著不同”（见下文）。数据的误差有若干来源，因此对误差的可能类型的考虑可以帮助对结果的解读以及对获得结果所使用的方法的解读。在很多情况下，对样本或数据进行取样的方式是“材料与方法”章节的关键部分，应当被细致地查看。

有时候运用更加复杂的描述性统计，诸如标准差（描述均值的精度），或者量化频数分布形状的值。然而，这些都超出了本书的范围，你可以查阅相关专业图书。

随机误差和可变性的来源

如下是数据样本的数值及其描述性统计可能变化的原因：

- **抽样误差**——由于从一个较大的、可变的总体中挑选出少量的个体；
- **测量误差**——由于测量变量所使用的方法；

- **舍入误差**——由于试图使用适当数量的有效数字，但是往往在计算中会加大误差；
- **人为误差**——由于对数据的书写或抄写不准确，混淆样本，等等；
- **来自未知来源的误差**——可能尚未发现的抽样影响。

理解假设检验统计信息

在统计语境下，假设检验被用于将一个数据集的属性与其他的样本进行对比，或者是将该数据集与在某些理论下的结果进行比较。

误差和可变性存在于所有的数据集中，这意味着你不可能百分之百地确信不同的值之间的差异。你应当问的问题是："这些差异是真实的吗？并且是由于样本的差异吗？或许这是由于对其中一个假设施加的处理，或者你所观察到的差异仅仅是随机误差的结果？"假设检验通过试图对这些假设选项给出一个概率来发挥作用。

通常的做法是建立一个"零假设"（Null Hypothesis，NH），"零假设"的样本是相同的或者符合某些理论描述。通过对数据做出一些假设，计算假设检验统计信息，并且查阅概率表（或者计算），有可能估计零假设为真的概率 P。P 越低，你接受它并赞同的假设［认为有关的差异是"真实的"，并且是由于样本之间的名副其实的差异所致（例如，由于对一组数据集的处理所致）］的可能性就越低。按照惯例，如果 $P<0.05$，那么零假设被拒绝，有关的差异"在统计学上显著"。如果 $P>0.05$，那么惯例是假设所观察到的差异可能是由于从可变的总体中随机取样所致。

假设检验统计信息在它们对于数据的假设以及它们着手检验的问题上存在差异。一些常见的假设检验统计信息和它们的用途如下：

- t 检验——用于比较两个均值；

表 7-1 描述性统计及其应用

量数	统计信息	如何计算	运用、优势和劣势
位置	均值	所有数据值的总和除以数据值的数量 n	这是最为常用的指标。它考虑了数据集中的全部数值，但是可能受到存在异常值的影响，并且，如果异常值不是对称的，均值可能不能代表整个的数据主体。其单位与数据的单位相同
	中位数	按照数值高低的顺序排列时的数据值中间点。对于数据集里面数据的个数为奇数的情况，中位数为最中间的数据的值，对于数据集里面数据的个数为偶数的情况，中位数是最中间的两个数值的均值	如果数据集是非对称的或者存在异常值，中位数可能比均值更好地代表大多数数据的位置。其单位与数据的单位相同
	众数	数据集中为数最多的数值	容易被找到，不受异常值的影响；然而，尤其是当数据集较小时，在值的分布上可能容易受到“随机”变异的影响
离散度	全距	数据集中最大值与最小值之差	容易确定，但是其值受到异常值以及数据集规模的很大影响。其单位与数据的单位相同
	四分位差	第一四分位数与第三四分位数之差，第一四分位数是排在整个数据集的中值之下的数据的中值，第三四分位数是排在整个数据集的中值之上的数据的中值	不如全距那么容易计算，但是受到异常值以及数据集规模的影响较小。适合与中位数匹配，作为测量位置的指标。其单位与数据的单位相同

续前表

量数	统计信息	如何计算	运用、优势和劣势
离散度	方差	每个数据值与均值之差的平方的总和除以 n-1	测量所有的数据值与均值之间的平均差。适合那些在均值上对称的数据值。其单位是数据的单位的平方
	标准差	方差的算术平方根	是测量所有的数据值与均值之间的平均差的一个指标。适合那些在均值上对称的数据值。其单位与数据的单位相同，因此比方差更受青睐
	变异系数	标准差乘以 100 并除以均值	测量变化性相对于位置的一个无量纲（%）的指标。使得数据集的相对离散度可以被比较

注意：每一种方法通常被用同等的数学公式表达。

- x^2 检验（卡方检验）——用于将观察值与期望值进行比较；
- 方差分析（ANOVA）——用于将若干均值进行比较。

可以在专业图书中找到确切的内容。

参数的统计检验和非参数的统计检验

前者做出数据是基于特定的数学函数（通常是所谓的正态分布）的假设；后者不做出这种类型的假设，但是在那些有少量区别的样本之间做出区别的能力上不如前者。

生成图、表和基础的统计信息

◎ **查明有关不同的图表类型的更多内容。**本章展现了一些常见的图表形式，你还可以探索、研究诸如微软 Excel 等电子制表软件，这也是探索如何更好地展示自己的数据的一种好办法。

◎ **当第一次看一张复杂的图或表格时，要记笔记。**这可以帮助你聚焦你的理解。本章的内容可以帮助你进行分析（这也可能被改编，用于表格）。另外，你可能需要参考最初的信息来源中的材料和方法来全面理解数据是如何获得的，进而理解数据究竟代表了什么。

现在就开始行动吧……

- **批判性地检查所有的图。**例如，你明白报纸中的那些图表往往以支持记者的观点来进行展示，而学术文章中的图表展示相对不那么容易产生偏见。思考这些是如何发生的。在所有的情况下，你都应当思考为什么选择某种图表格式，这种展示是否有助于理解以及如何对它进行改进，因为这将帮助你分析和展示自己的数据。
- **聚焦图表的文字说明。**理想情况应当包括解读数据所需要的很多信息。尤其是：

- 标题。可能表示作者认为数据展示了什么；
- 符号的含义。误差条形图将帮助你知道哪条线展示了什么内容；
- 统计数据将帮助你判断所展示的任何差异的显著性；

- 选择标绘曲线图能够帮助你考虑，在所显示的数据值（或者在这些数据值之外和之下）中间可能发生了什么。

对于表格来说，标题信息也可能帮助你解读表格的列与行。

- **了解有关你的工作和学习领域中运用的统计检验的更多内容。**正如上文指出的那样，这个话题范围太广，本书无法完全覆盖，但是对于解读你遇到的图表可能是至关重要的。因为选择和运用不同类型的统计信息，了解它在何时何地有效，都将帮助你的解读。错误地使用统计信息非常常见，你可能已经察觉到这一点。如果你对自己的统计学能力缺乏信心，你可以进行补充学习或者购买相关专业图书来帮助自己。

第8章

决策和工作计划：如何做出选择、提前计划和区分优先级

做选择或者决策，通常是思维过程的一个关键结果。虽然有时候难以到达这个阶段，但是为了你的努力，你也必须考虑实现你的目标所需要的行动。这涉及有效的计划、时间管理和区分优先级——这在学习和工作中都是重要的技巧。

重要的“人生成长”之一，就是自己做出决定，并逐步增强责任心。这对于你的学习和以后的生活和工作都大有裨益，并且决策能力也被视为工作中一个重要的考核指标。

然而，决策能力本身并不足以获得结果。因此，制订计划、时间管理和区分优先级等彼此相关的技巧是很重要的。此外，你的决定应当是适当的并经过深思熟虑的，而不是非理性的、冲动的或者凭直觉的。这意味着你能够追溯决策过程并且证明你的选择是有道理的。

权衡你的选项

在信息不足的情况下做决策实际上是在猜测，因此做决策的第一个阶段是审视你的选项，确切地了解你的选项是什么。有的时候，你应当研究每个选项可能带来的结果。在这个过程中，你可以创建一张涵盖各个选项的全“方位”的列表，这在你的决策中很重要。

一个相关的例子是在选择实验性项目时，提供给你的信息是一张有关项目名称和导师的列表，可能包含与你的选择有关的内容，如下：

- 在学习领域的个人兴趣所在；
- 资源及/或材料的可得性；
- 获得数据所涉及的技巧；
- 获得有用的结果的可能性；
- 你将需要学习或发展的技能范围；
- 数据分析的难易程度；
- 项目领导者的声望；
- 与项目领导者的个人关系；
- 项目对于个人简历和就业前景的影响。

例如，你可以通过阅读这个项目相关的近期文献来初步了解相关内容；你还可以通过询问之前的相关人员来获悉过往工作记录。这一阶段相对容易——大体上与研究一部新手机或者新笔记本电脑的特色相同。下一个阶段将比较困难，你需要将若干可能的选项进行对比。

有许多技巧可以用来分析选项，帮助你得出结论。每种技巧适合不同的情况和个性。下文描述了“项目选择”有关的技巧。

列出利弊

这一方法通过权衡利弊，来帮助你厘清你对每个选项的想法。对于每个选项，只要画出一条线，在线的左边写下“好处”（赞成）的要点，在右边写下“坏处”（反对）的要点，忽略中立的方面。这样就会形成你对观点的一种“高度对比”的简化展示，有助于做出选择。

评分

这是一种更客观地做决策的方式。你从不同方面对每个选项分别打分，然后对比总分。

你可以基于同样的总分（比如 10 分）给每个方面打分，或者你可以给不同方面不同的“加权”，基于不同的总分给每个方面打分。这使你能够给予你认为重要的方面更高的分数。权重总计达到多少并不重要，只要有关的值符合你赋予每个方面的相对重要性即可。

表 8–1 显示了对于项目选择的一个分析的想象结果；显而易见，尽管强烈偏好项目 A 中的论文导师，但是其他因素的权重胜出了这个选项，并可能导致学生选择项目 C。

表 8–1 **某项目的评分示例**

方面	个人权重	评分		
		项目 A	项目 B	项目 C
1. 在学习领域的兴趣	20	13	10	15
2. 资源及 / 或材料的可得性	15	12	12	14
3. 获得数据所涉及的技巧	10	6	8	9
4. 获得有用的结果的可能性	10	6	6	10
5. 你将需要学习或发展的技能的范围	10	5	7	10
6. 数据分析的容易程度	15	8	9	12
7. 论文导师的声望	10	8	4	7
8. 与论文导师的私人关系	15	15	5	8
9. 课题对于个人简历和就业前景的影响	5	2	3	5
总分	110	75	64	90

最后一个站着的人

使用这种方法，你最终得到的是“异议最小”的选项，而不是真正喜欢的选项。在你不喜欢所有或者大部分选项的情形下，这种方法是有用的。这种技巧很简单，只要依次排除最不喜欢的选项，剩下最后一个选项即可。

在项目选择的例子中，你可能在第一个阶段排除了某个具体选项

（比方说某个项目涉及一种危险化学品，或者原始资料是一门你无法轻松翻译的外语）；在第二个阶段排除了另一个选项（或许你无法与项目相关人员友好相处），剩下的就是最终选择。

找到共识

这种方法通过询问其他人的看法，得出一个共同的决定。这样做当然与团队合作的情形有关，但是在单独做出决定的情况下也可以使用。在最初的阶段了解他人认为重要的方面，“决策咨询人”的意见能够发挥作用，从而有助于你弄清自己的感觉。向其他人表达你的想法也能够帮助你弄清自己的观点。这种策略的一个劣势是，你或许会受到他人观点的过度影响。

在项目选择这个例子中，你或许会选择与一个独立第三方来讨论你的选项。虽然他们不大可能直接表达意见，因为这样做是不专业的，但是他们或许会提出有用的参考标准，他们也可能会询问你相关的问题，以便引出你的想法。

i

“给一个朋友打电话”和“求助现场观众”

在流行的电视智力节目中给出的这些“求生”机会就是关于共识决策的例子，其中所咨询的人员数量从 1 到 100 多人（题外话，剔除四个可能答案中的两项这种“50：50”选择，是关于决策的“最后一个站着的人”方法的一个例子）。

基于成本的分析

这种方法最适用于商业环境，尤其是涉及计算清楚与每个决策有关的成本。除了计算直接成本之外，还要考虑“机会成本”——指的是如果做出某种具体的决定你可能错过的收益。

还是以上文的项目选择为例，如果某项具体的选择意味着你不得不放弃一个潜在的工作机会，因为你可能会被认为缺乏这个工作所需的相关经验或技能。或者，一个项目可能涉及在野外或者偏远的地方长时间工作，意味着你将失去跟朋友或者家人见面的机会（并不是所有的成本都是以金钱衡量的）。

进一步的决策策略

这些策略并不经常使用，但是有时候它们是奏效的：

- 随机选择：扔硬币或者抽签来做决定；
- 本能反应：遵循你的直觉（往往是你对一件事情的第一想法）；
- 听从专家：做别人建议或者命令的事情。

如下的做法仅仅在某些情况下才适用：

- 协商：当各方当事人意见不一时是有用的（或许适用于团队合作）；
- 当时间是一个考虑因素时，选择现有能获得的最佳选项：不要等待更好的情况出现（更好的情况可能不会出现）。

提前计划以及管理时间

所有复杂的和耗时长的活动都需要事先做计划。这同样适用于建造一所房子、考试学习或者项目实施。如果没有充分的计划，你更可能面临的局面是：搞不清楚自己在哪里以及需要做什么；未能对任务的不同方面进行平衡；耗尽时间；最终未能实现你的目标。

某些原则适用于所有领域的项目管理。这里选择的例子虽然是一个本科生的研究项目，但是其基本方法也适用于其他领域。

1. **从做计划开始，但是灵活地看待它。**计划的起点应当是你要执行的任务的详细说明，诸如你可能已经递交的项目建议书。你现在需要将该任务分解成若干部分并由此划分成工作阶段。对于这个研究项目的例子，可能包括：

（1）围绕该主题阅读，以获得对概念、方法和潜在调查研究领域的可靠理解；

（2）为你的研究做出一个核心的假设或者方法；

（3）为你的实验或者阅读制订一个详细而实用的计划；

（4）实施研究活动；

（5）分析研究结果、研究发现或创意；

（6）起草报告、论文；

（7）完成并提交报告。

保持计划的灵活性

做计划的主要原因之一是使你了解任务的进展如何。因此应当频繁地审查你的计划进度。如果没有达到阶段性目标，那么应当对计划做出调整。要把意料之外的事情考虑在内——在最初的版本中加入空闲时间，以便为意外事件留出余地，这将有助于把意外的破坏降至最小。

你需要为项目的每个阶段留出合适的时间段。这样做将使得你能够监测项目的进展情况，并且在某方面进展缓慢的情况下调整你的工作效率。划分的项目阶段是按顺序呈现的，但是你不必总是按顺序安排工作。为了实现效率最大化，有时候可以允许一些阶段齐头并进。在比较复杂的阶段，将它们进行细分可以使得计划过程更加可控，这样做是有好处的。

2. **为你的项目进行时间安排**。对于相对不复杂的计划，可以使用简单的表格，如一份复习考试时间表（见表 8–1）。

表 8–1 一名环境科学专业学生的复习计划

个人复习时间表
索菲亚·普林格尔

第 12 星期

科目 / 主题的关键：地理学　生物群落 + 物种多样性　环境化学

	星期一	星期二	星期三	星期四	星期五	星期六	星期日
上午	地理学 讲座 1 和 2	环境化学 B 主题 B	生物群落 + 物种多样性 第三周	环境化学 主题 C	地理学 讲座 8 和 9	用功	睡懒觉
	环境化学 主题 A	地理 讲座 3 和 4	生物群落 + 物种多样性 第四周	环境化学 主题 C	地理学学习伙伴会议	用功	洗衣
午餐							
下午	环境化学 主题 A	地理学 辅导课	地理学 讲座 5 和 6	生物群落 + 物种多样性 实践	环境化学 主题 D	用功	生物群落 + 物种多样性 实践
	准备最后的地理辅导课	休息	曲棍球	生物群落 + 物种多样性 实践	空闲	用功	与希尔达进行模拟考试
晚餐							
晚上	生物群落 + 物种多样性 第一周	环境化学 主题 B	晚间休息	图书馆：查阅过去的论文	空闲（如果跟上进度会外出参加活动）	菲尔的生日聚会	与爸妈约周日一起唱
	生物群落 + 物种多样性 第二周	空闲	晚间休息	地理 讲座 7（难度大）	空闲	菲尔的生日聚会	

如何建立复习时间表

1. 创建一份空白的周表格，将它按天和学习时段细分。
2. 确定起始日期和结束日期并复制足够的每周表格。
3. 填上你必不可少的非学习活动。
4. 确定每天和每个星期用于学习的时段数量，并在表格中标记出来。
5. 确定你需要覆盖的学科和课题并给它们分配不同的时段，适当地平衡时间。
6. 确保你为消遣活动分配了时间，包括一些空闲时间段，以便为懈怠留出空间。
7. 如果可能，在临近考试时不要使自己超负荷，这样你就可以避免满负荷带来的疲惫。

关于已经完成的一周时间表的例子，参见图 8–1。

展示更复杂项目的时间轴的一种标准方法是甘特图（Gantt chart），这是根据其发明者——美国管理顾问亨利·甘特（Henry Gantt）的名字命名的。甘特图有两个轴，横轴通常是时间，纵轴表示项目活动的不同任务或元素，通常是以条形图的形式呈现。

甘特图在如下情况下是有用的：

- 区分完成一个项目所需要的不同元素；
- 显示项目活动的互相依存关系；
- 随着项目的进行展示其进展，包括显示重要的里程碑。

人们把按顺序进行的不同活动之间的关系归类为“结束到开始”，把并行的元素之间的关系归类为“开始到开始”。那些必须紧挨着结束的不同活动的关系被称为“结束到结束”。可以通过连接虚线在图表上展示这些关系。通常运用菱形的符号表示里程碑事件。图 8–1 展示了一个研究项目的甘特图。

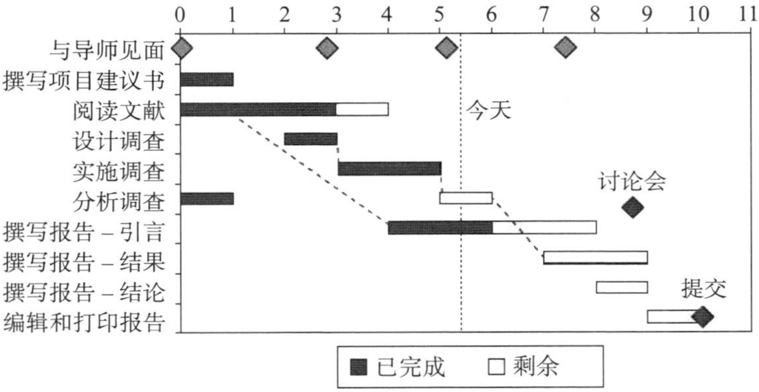

图 8–1 **具有有代表性的甘特图**

图 8–1 是运用 Excel 中的“堆积条形图”来绘制的，展示了一个简单的调查项目的从第六周开始时的进展。注意每个阶段的进展是如何通过将每个活动的水平条加阴影的方式展示的：从图中可以看出，该学生在阅读文献和分析调查上“落后于预定计划”，但是已经开始撰写该报告的引言，因此是“较预定计划提前”的。不同活动之间的联系是使用虚线展示的，例如在实施调查之前显然需要先完成设计调查。关键的里程碑事件（菱形）包括与导师见面、在第八周要出席讨论会，以及在第十周要提交最终报告。

制作计划表

有专门的电脑程序可以制作甘特图（如微软的 *Project*），但是也可以使用诸如微软的 Excel 等一般的电子制表软件中的“堆积条形图”来制作简单的版本（见图 8–2）。但是，要注意在这里花费太多时间是有危险的，尽量把时间用在实现项目目标上。

3. **完成你的项目**。认识到你的计划需要及时结束是很重要的。对于一个研究项目，“结束”可能涉及做出一个决定，确定你何时拥有了足够的材料来撰写一份可行报告。在大多数情况下，你只需要足够的数据或想法来说明你能够遵循自己学科中典型的研究报告的“模式”，因为学校是基于此对你进行考核的。

时间管理是成功的项目管理的关键。我们需要平衡投入学习、家庭、工作和社交活动的时间。尽管你可能比其他人有更多的自由度，但是这仍然是一项具有挑战性的任务。下面提供了一些关于时间管理的建议。

成功的时间管理的建议：

1. **有条不紊地组织你的活动**。实现这一点的关键工具包括：

- **日记和记事簿**。这些用于记录你每日的工作时间安排并记下提交的截止日期。
- **时间表**。这些对于复习考试或者项目工作等耗时长的任务是有用的。
- **墙上的计划表**。这是用图表画出活动的另一种方法，其优点与时间表一样，让你能够看到面前的一切。

2. **养成好的工作习惯**。例如：

- **养成规律的工作习惯**。例如，可以把某几天晚上固定安排为在图书馆学习或者某个项目的工作时间。
- **在效率最高的时候做重要的工作**。大多数人能够说出，一天中什么时间工作效率最高。在进行时间安排时要考虑：在“最清醒”的时候做学术工作，在头脑不太灵敏的时候做常规活动。
- **充分利用碎片时间**。把本来可能无价值的时间利用上，例如在通勤时匆匆记下你的创意、进行编辑方面的工作或者做计划。
- **保持你的文件井井有条**。如果你的文件得到了很好的归档，那么就不用浪费时间去寻找下一步所需要的资料。
- **延长工作时间**。如果你能够适应早起，你会发现，把闹钟定得比平时早，将带给你额外若干小时的时间，有助于你实现短期目标。

3. **避免拖延。**时间管理最难的一部分是开始行动。把事情推迟——“拖延症”——太容易了。拖延症的表现有：谈论你的工作，而不是去做；过度计划；先做低优先级的工作；在不同任务之间频繁切换；以及做非生产性的事情，诸如看电视或者参加社交活动等。为了避免这些，你要找到开始工作的方法，可以通过执行任务中较为单调的工作开始，例如列出参考文献，或者撰写“材料与方法”。
4. **避免完美主义。**拖延症的一种形式是，为了使任务尽善尽美而推迟完成。好的时间管理者认识到何时该完成任务，即便任务没有处在“完美”的状态。当你要同时完成多项任务时，意味着你需要关注总体的结果，因为你的注意力是有限的，不要因为专注于某项任务而忽略整体结果。

区分优先级

当你有若干不同的任务需要完成时，你可能会不知所措。确定它们的轻重缓急涉及区分重要的和紧急的活动。

- “重要”意味着对于完成一项任务获得的益处与完不成该任务带来的损失进行评估。
- “紧急”与必须完成该任务的时间有关。

例如，在正常情况下，洗衣服既不是非常重要的事情，也不是特别紧急的事情，但是如果你的干净内衣已经没有了，那么你可能会做出不一样的决定。因此，轻重缓急不是一成不变的，而是需要频繁地进行再评估。

一种有用的方法是每天列出你的任务清单，重新进行评估。这样你对当天需要完成的任务就有更好的认识，从而能够更好地划分事情的轻重缓急。一旦你列出任务清单，给它们依次编号 1、2、3 等，按照从“重要且紧急的”到“既不重要也不紧急”的顺序给任务排序（见图 8–2）。你的“重要”标准将取决于很多因素。例如，你自己的目标；每个评估的权重；距离提交日有多久。

每一天都尽你所能地完成所列出的任务，从第一号任务开始。每完成一个任务就删除一个，这个过程带给人一种正在取得进展的感觉，如果到晚上列出的任务全部消失，会带给人一种满足感。而且，一旦处理了高优先级的任务，你的紧张和焦虑将会减轻。把前一天没有完成的任务带到第二天，在清单中加入新的任务，并从头开始——尽量先完成昨天没有完成的工作，然后再完成高优先级的新任务，否则昨天没有完成的任务最终会被拖延得更久。

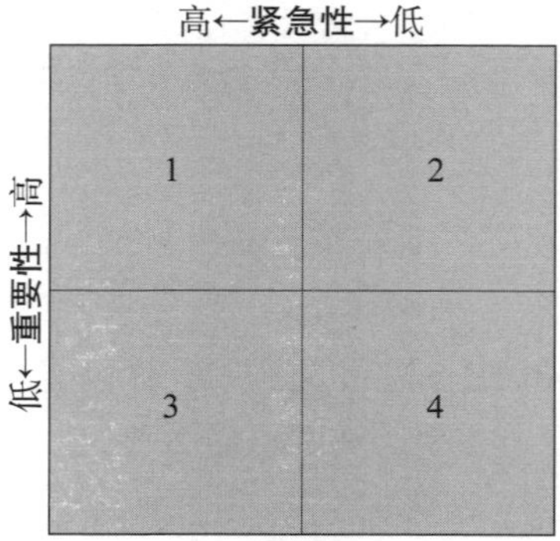

图 8–2　区分优先等级的紧急 – 重要方法

基于每个活动的重要性和紧迫性程度，把每个活动放在上述坐标轴中的某个象限中。先做第一象限中的活动，然后是第二或第三象限，最后是第四象限。

有条不紊带来的好处

如果你能很好地安排时间，你将：

- 按时完成工作，如期完工；
- 在较小的压力下完成工作，并且充分发挥你的潜力；

- 减少由于工作时间安排缺乏控制感而带来的压力；
- 建立对自己应对能力的自信；
- 避免任务重叠和不得不在同一时间应对多项工作。

对于大型的和长期的任务，有条不紊尤其重要，因为距离截止日期越久似乎越容易拖延。

决策、项目管理和区分优先级

◎ **在制订计划时，为自己设定一个截止日期，这个截止日期要在真正的完成日之前。**这样做的益处是，万一事情出了问题，能够提供潜在的有价值的“损耗时间”；给你更多的时间思考你要做的事情；帮助你避免在创作和交付任何成果（诸如一份报告）时发生问题。

◎ **改进你的工作环境。**你能否专心致志将取决于这一点。创造一个整洁的工作场所；把你所需要的全部材料聚拢到一个地方；把其他一切东西（包括电脑档案袋和文件）整齐地归档；降低外部噪音。为了避免分散注意力，如有必要，可以换个地方工作。

◎ **分析你的时间管理个性。**你知道有些性格特征可能使你无法高效地安排时间吗？本章中的建议能否帮助你在时间管理方面做得更好？你如何使这些建议适合你自身的情况？

◎ **花钱购买时间管理工具。**有用的东西可能包括日记/记事簿、墙上的计划表、有日记功能的手机应用程序，或者闹钟……然后使用它们！

◎ **尽量不要成为完美主义者。**许多项目从来没有开工，或者是中途停滞，或者未能完工，这是因为参与项目的人以完美为目标，而完美是不可能实现或者是不切实际的。实现完美往往会浪费资源。如果你认识到这是你的潜在个性，你要把精力聚焦在最大程度降低工作中的较大缺陷以及完成任务上，尝试接受瑕疵的存在。

GO 现在就开始行动吧……

- **反思你以前的决策。**思考你在近期面临的一个艰难的决定，你当时运用了哪些方法评估你的选项并选择其中一个选项？你的做法有效吗？后续行动计划如何？你按时完成你的目标了吗？你还能怎样改进这些技能？
- **研究你实际上是如何利用你的时间的。**时间管理专家们往往请客户写下他们在若干天中的每一分钟做的事情，从而弄清楚如何帮助他们的产出时间比最大化。你可以使用时间表来详细记录你的短期活动，为你的活动编加代码。然后，分析数据，看看你是否把过多的时间花在其中一项活动上或者是不同活动之间的平衡出了问题。
- **列出清单和区分优先级。**如果你之前没有运用过这种方法，可以尝试大约一星期的时间。在尝试期过后，确定这种方法在安排活动以及帮助你按时完成任务方面的有效性如何。

第9章

群体效应与合作：如何提高你对团队协作的贡献

在学习和工作中，你会发现许多活动涉及团队协作。理解群体工作心理学和群体互动能帮助你从这些活动中获益良多。“团队思考”需要关注他人的集体意识以及共享技能。

团队活动要求有与个体活动不同的思维模式。你的思考必须与该团队的共同目标合拍，而不是跟你个人的一致。理解团队互动和团队伦理也会给你带来益处。总体而言，群体的“团队思维”需要人们共享技能、才智，以及有助于发展沟通和协商方面的技能。

研究显示，一个团体存在许多独特的团队个性，我们每一个人都有一个“天然的”团队角色。平时参加的团体活动能够帮助你发现哪种角色最适合你。反思你在团队活动中的表现，将会帮助你实现个人成长。而从中引发你对自身的了解甚至可能影响你对职业和工作的最终选择。

团队成员要遵循的原则

表 9–1 对一个成功团队中的团队角色及其有关的个性特征进行了介绍。这是基于梅瑞狄斯·贝尔宾（Meredith Belbin）的团队决胜研究。他的分析指出，每一种角色既存在“好的”性格特征，也存在“可容忍的弱点”。这个见解是很有价值的，因为每个角色都很重要，

并没有某个角色会高人一等。例如，你可能认为“团队领导”是团队中的明星角色。然而，领导型人物通常不擅长出主意，并且在将想法付诸行动方面可能偏弱（见表 9–1）；有些功能对于任何群体的成功都是至关重要的，你可以有意识地将其发展为你的强项。

要进行有效的团队协作，需要先洞察这些角色以及团队运行的方式。总体来说，你的团队将需要如下关键特征。

- **沟通能力。**群体的成员需要理解人们对他们的期待是什么；必须定义时间框架；会议安排；交换信息或文件。群体越大，沟通能力就变得越重要。
- **时间管理。**你的团队工作总是会有一个截止日期，这意味着需要制订计划来实现你的目标。
- **妥协。**互相让步对于任何层级上的团队功能都是必不可少的。一个群体要成功，你们必须和睦相处。这可能需要有外交手腕、策略以及愿意建设性地提出和接受批评。
- **专注和承诺。**团队协作练习通常需要时间和精力；如果要实现高标准，每个人都需要承担责任并且努力工作。你的团队必须集体密切关注其目标。

运用该表识别你符合哪种角色。某些权威人士喜欢将这个分析简化。运用该表格中的角色编号，对角色进行的一种分组是：“领导者类型”：A+B；“有创造力的人”：C+E；“批评者”：D；“组织者”：F+G；“工作者”：H+I。

表 9–1　　梅瑞狄斯·贝尔宾鉴定的九种团队角色

团队角色	在团队中的关键特征和有益的功能	可容忍的弱点
A 协调者	是一种“照顾人”的领导，心态平和，行事有权威性。持平衡的看法，展示出明智的判断力。有能力使得团队向共同的目标努力。擅长发现他人的才能以及授权	可能比其他人缺少创造性或者不如其他人那么有才智，可能没有特别的专长

续前表

团队角色	在团队中的关键特征和有益的功能	可容忍的弱点
B 塑造者	是一种“操纵型”的领导，是有活力的、积极能干的人，但是对结果缺乏耐心。行动力强、擅长解决难题以及强力推行自己的想法。对团队活动提供了动力和现实主义的行动	对待其他人可能态度顽固强硬、感情用事以及缺乏耐心
C 创新者	是聪慧、有创造力且有主意的人，有能力创造解决问题的新方案，并经常使用不同寻常的方法。是团队活动的独创性来源	可能单独行事，其提出的主意可能不切实际。可能不好沟通
D 监控评估者	是“批评者”，以一种客观的和不情绪化的方式分析团队正在做的事情。擅长评估团队的观点并确保其是适当的	可能缺乏鼓舞团队成员的动力，并且工作效率较低。可能会令他人气馁
E 资源研究者	是外向的沟通者，热情洋溢地研究新的信息和观点。擅长利用资源和开发外部关系	可能过度乐观，注意力的持续时间可能较短
F 实施者	是努力工作的人，运用其精力、自律和常识来解决问题。把观点转化为行动。擅长确保把任务完成	可能缺乏灵活性，容易抗拒新的主意
G 完工收尾者	是认真尽责的人，渴望以高水准完成任务。辛勤工作、有秩序、有条理。聚焦于实现目标	过度看重细节，可能想要做太多的工作以便控制质量和结果
H 协作者	社会型的人，其目标是支持其他人并为团队提供凝聚力。他们能感知其他人的情绪、乐于助人和有外交手腕。他们能提振团队精神	不喜欢领导他人或者做决定
I 专家	为团队提供必不可少的专业知识和技能。提升了专业的维度，但是可能头脑简单并且没有耐性跟不聪明的人相处	眼界狭窄。可能痴迷于技术细节，而不能顾全大局

哪种角色最适合你

想一想你是哪种角色，你是愿意把自己描述为以行动为导向的人，还是以人为导向的人，还是一个思考者。贝尔宾以这种方式对他的九种团队角色进行了分类，这种方法可以更容易帮助你决定自己更胜任哪种角色：

- 以行动为导向的团队成员：塑造者、实施者或者完工收尾者（表 9–1 中的 B 型、F 型和 G 型）；
- 以人为导向的团队成员：协调者、资源研究者或者协作者（A 型、E 型或 H 型）；
- 思考者：创新者、监控评估者或者专家（C 型、D 型或者 I 型）。

处理群体工作中的困难的最好办法是，一旦发现困难明显存在，就尽快进行讨论，可以在团队内部讨论，也可以在监督任务的人员的斡旋下讨论。

- 在可能的情况下，尽量确保给人们分派的是最适合他们个性的任务。否则，他们可能感觉不舒服。要知道，中途改变任务，可能会出现困难的局面。
- 当你在一个小团队工作时，团队成员可能被要求承担多重角色或者随着项目的进展而在不同的时间进行不同的角色转换。
- 如果某些团队成员没有足够的积极性，那么团队作为一个整体也可能缺乏动力。领导者的作用之一是激励团队，可以通过强调任务的重要性以及完成任务所带来的报酬来激励团队。
- 对于完美主义者来说，团队工作可能更费力，因为他们可能需要接受团队活动在某些方面可能低于他们的正常标准——但是确保团队作为一个整体履行其职责至关重要。同样地，对于那些喜欢“控制”的人来说，把任务交给别人可能使其感到紧张。在团队工作中，每个人需要接受允许其他人采取不同方法。

- 有时候，当人们感觉有人没有做好分内的事情，或者当有人行事相当不专业时，彼此会发生冲突。这时需要及早进行坦率的讨论。
- 如果团队进展停滞，你可能需要考虑如何修改你们已经达成一致的任务目标或者方法。目标可能不那么雄心勃勃，但是仍然属于高标准。

在团队里工作

在一个团队进行正式工作和学习，通常意味着你要参与一项由专业人员发起的活动。这可能是由领导推动的一个项目、一项实验室活动或者是实习，或者可能是独立于以前团队成员进行的活动。

团队工作建议

以下是在团队中高效工作的重要规则，不论是在正式的还是在非正式的情境下：

- 学习倾听以及表达；
- 尊重他人的观点；
- 理解对你的观点的批评并非对你个人的蔑视；
- 避免任何人主导讨论或者活动；
- 确保给每个人空间，以提出其观点。

在由工作人员领导的团体中，你应当：

- 确保你为团队活动做了充足的准备；
- 参与讨论，不要只是一两个人在说；
- 有信心表达你的观点，即便这些观点似乎与其他人的观点不符；
- 准备好用经过深思熟虑的合理论据来捍卫你的观点或主张；
- 把团队活动经历作为机会，与指导你的专家更深入地探索问题或想法；
- 认识到领导可能是“唱反调的人”，推动你探索替代方案、选项或策略。

个人辅导是这种类型的研究小组的一个例子，下文将进一步进行探讨。

在无监督的团队里，你应当：

- 制定某些基本原则并达成一致，如确立目标、责任和截止期限等；
- 确保工作分配在整个小组中是均衡的；
- 处理手头的任务并确保人们在表达他们的想法时不受拘束，从而创造一个积极的学习环境；
- 运用分析性思维处理手头任务；
- 鼓励每个人贡献想法并探索想法的意义，也鼓励辩论。

找到适合从事那项工作的人

在不同的时候，你的团队可能需要某人进行任务的协调；需要有人想出聪明的、独出心裁的想法；需要有人促使其他人都达成目标；需要有人能够找到有用的事实；需要有人擅长设计；需要有人能够组织材料；需要有人担当发言人。通过各尽其职，团队的总体产出将得到提高。

参加辅导课

辅导课是把一小群学生聚集到一起探讨一个主题，或者处理课程中的某个具体问题。其中，辅导课要求你认真思考、提出有逻辑的论据、识别其他人的立场中的缺陷并解决问题。

基本上存在三种类型的大学辅导课。第一种模型在与诸如艺术、社会科学、法律和社会工作等有关的学科中是常见的。在这种类型的辅导课中，以讨论的形式思考一个预先设定的主题。

关于准备辅导课的窍门

在非科学的学科中进行讨论式的辅导课，你应当：

- 完成了所要求的阅读；
- 确定并分析主题或话题；
- 反思出现的关键问题；
- 从不同的角度考虑这个主题，例如赞成和反对某些想法或提议的论据。

对于在实践的学科或者数字科目方面的辅导课，你应当：

- 处理全套的问题或者完成指定的阅读；
- 思考你在辅导课问题中遇到的困难或者是讨论中可能出现的问题；
- 反思该主题或者问题怎样符合更广泛的课程架构和学习过程。

第二种类型在理科、工程学和商学相关的学科中更为常见；在这里，学生们探讨一系列问题的答案或者在导师的指导下进行计算。

第三种类型是个人辅导课，一位学生与一位导师（有时候称为研究指导教师）见面，旨在讨论学生的学术进展和课程选项。

导师的角色是促进讨论，或者对于解决问题的辅导课而言，是在学生面对困难时提供帮助。此外，导师可能被要求评估你的参与和表现。不论什么学科，这些辅导课要求你进行准备并参与其中。

参与委员会和会议

对于像大学这样的大型组织来说，各种委员会及其召开的会议有重要作用。作为学生，你或许可以通过作为正式会议的学生代表来做出你的贡献，或者是组织学生会的工作会议。这样的会议有固定章程和一系列内在规则，可能令缺乏经验的人望而生畏。表 9–2 提供了会议中所使用的一些术语和章程的定义。

委员会工作需要的思考技能如下所示：

- 评估复杂课题的论文；
- 批判性地分析问题并得出观点；
- 说服其他成员认可你的立场是适当的；
- 对讨论中其他人的观点做出反应。

会议的礼节以及所做决定的影响可能增加你投入的难度。

要成为有影响力的团队成员，你应当做好充分准备。作为小组委员会或者工作小组的一分子，人们期待你阅读相关的文献、在适当的时候对讨论做出贡献。如果你因为某种特定的角色而成为委员会成员，人们可能期待你贡献报告和其他的议程项目。如果你是委员会的主席（或者会议召集人），你将需要帮助组织议程、主持会议，并且撰写或者批复会议纪要草案。

表 9–2　　委员会会议的成员、关键术语和行为规则

1. 成员

- 主席（或者召集人）。其角色是组织议程，有时候与秘书合作；主持会议，挑选发言者，帮助团队做出决定；批准会议纪要草案
- 会议纪要秘书。其负责在会上做记录并撰写会议纪要草案
- 可能根据该委员会的成员规则选举或者批准普通成员
- 当然成员是那些因为其担任特定职务的在场成员
- 受邀参与者。通常是为单独的一次会议进行演示或者充当观察员，不参与决策

2. 关键术语

- 职权范围给出了委员会的职权范围；它定义了应该探讨的内容的限度以及其报告的去处。附录通常概述了成员资格
- 议程给出了在会议上的讨论顺序，通常有如下的内容：

（1）之前的会议纪要

（2）产生的问题——来自会议纪要的观点，可能有之前会议上被委派了任务的人的报告

续前表

（3）讨论的项目（有时候仅仅讨论"加星号"的项目） （4）任何其他事务 （5）下次会议的召开日期 议程项目可能伴随着讨论文件和政策提议。连同会议议程和先前会议的会议纪要，这些通常是预先传阅的内容 ● **会议纪要**是对于人们在会议上发言的精简记录。它显示了谁出席了会议，以及会上就采取什么行动达成了一致。在得到批准之后，会议纪要可能在其他小组传阅，或者在内部网站上发布
3. 行为规则 ● 主席主持会议并介绍会议议程，或者指派其他人这样做 ● 委员会成员应当通过取得主席注意的方式（可能通过举手）请求发言 ● 上次的会议纪要被修正并被批复后，通常会放在会议议程的初始部分 ● 如果委员会需要向另一个团队报告工作，其意见可能需要向原委员会报告 ● 在讨论了每个议程项目之后，任何意见或者行动将通过协商一致或者正式表决的方式达成共识。主席通常在继续之前总结决定 ● 秘书很少做出贡献，但是应当将程序事项告知委员会，并且在信息要点和委员会职权范围方面协助主席 ● 如果讨论不属于委员会的职权范围，主席可以声明这一点，有时候会使用拉丁术语"ultra vires"（意为"超越权限"） ● "任何其他事务"包括成员们想要提出的、不在议程里的项目。通常当一位成员想要提出一个议题时，应当提前告知主席 ● "议事程序问题"是关于程序中的一个项目或者一个要点的意见

大学里的委员会通常是一个被赋予决策或推荐和行动建议的权力的，隶属于更大机构（诸如大学评议会）的团队。

在所有的小组会议中，如有机会，成员们将表达他们自己的观点或者其他内容。有时候可能需要一个人主导讨论，因此你需要发展人际沟通技巧，以确保你有机会是听众的同时还是发言者。表 9–3 介绍了你在会议中可能遇到的一些"人物"，并提出了一些可能有助于在团队对话中促进人们轮流发言的对话策略。

表 9–3　在会议中出现的典型角色

性格	特征行为	典型的口头策略	回应的口头策略
安静的人	害羞，不善社交。从不或者很少对话题提出意见。大量记笔记。避免与他人有眼神接触。只有在别人与他们说话时，他们才与别人说话	• 我不知道 • 什么都不说	• 你对此怎么想 • 你对 X 的工作怎么想
万事通	对几乎任何事情都有看法。可能已经进行了阅读，但是对更深刻的意义没有反思，或者处理了问题但是忽略了关键的步骤	• 在我看来 • 我认为 • 我的观点是 • 如果你问我	• 我认为你对此的看法持相当狭隘。你认为……怎么样
占据舞台中央的人	喜欢成为关注的中心。试图独占小组的注意力，并阻止其他人问问题或者做出贡献	• 我认为这分成 10 个领域。第一个是……；第二个是……；第十个是	• 这里我能插几句吗 • 实际上，我有相关的观点 • 这里我想插几句
垄断对话的人	是聪明人，有很多话要说，但是一直说个不停。很少向他人让步	• 我对 X 的理解是……此外……另一方面……我还想说	• 我们可以听听其他观点吗 • 我们总结一下你已经说的，以便确信我理解了你的要点
打断者	不是好的倾听者。不断地对别人说话，或者打断其他人的发言	• 这里我能插几句 • 我不能让那一点不受质疑	• 我可以讲完我的话吗 • 那真的离题了

续前表

性格	特征行为	典型的口头策略	回应的口头策略
拿不定主意的人	对于自己的理解或者能力不是很有信心——通常这种看法是不恰当的。不通过提问去确认自己的理解。除非别人直接询问他们，否则他们很少提出意见	● 我不确定 ● 我不认为我知道	● 你打算如何处理此事 ● 那真的是很好的一点。我非常同意你的看法
不感兴趣的人	似乎不确定自己为何在场。眼睛看向窗外，摆弄移动设备	● 不知道。我在这里等到酒吧营业 ● 这真的令人厌倦，不是吗	● 忽略
积极参与的成员	做出贡献并且倾听。已经进行了准备，整理了一些看法，对一些要点不太确定。寻求澄清	● 你能解释……吗 ● 有三点要指出 ● 其他人怎么认为	● 我认为那是经过深思熟虑的一点。你能展开讲吗 ● 那是有趣的意见。其他人怎么想

像辅导课和委员会这样的小组由具有不同个性、观点和经历的人员组成。学习跟这些人互动可能是具有挑战性的事情。表格最右列提出的一些方法可能有助于实现平衡的讨论。

参加团队活动

◎ **事先考虑。**成功参加辅导课和委员会的秘诀之一是事先已经彻底想清楚了你的立场。这可能需要你在自己立场之外多思考一步或者更多步，以便你能够反驳立即出现的反对你的立场的论据。

◎ **在解决问题的辅导课中，确保你已经事先准备好了完整的示例集。**要识别那些已经带来困难或者使你产生疑问的例子，这样你能够就此与导师进行讨论。思考如何将练习中涉及的基本原则以及这些例子融入更广泛的事物，尤其是你的讲座。

◎ **在基于讨论的辅导课中，确保你有所贡献。**清晰、客观地提出你的观点——尽管你可能在某个题目上持强烈的观点，但是你应该基于证实性的证据和论点而非情感来解释你的观点。不要把对你的观点的批评视为对你自身的批评——这是客观的学术练习，如果每个人都立场一致，那么这次辅导课将是单调乏味的，并且可能是无意义的。

◎ **学习倾听以及发言。**会议的约定俗成是每个人有发言和被倾听的空间。尽管你可能不同意其他人的观点，但至少也要听他们说了什么，并思考他们的论据的长处及缺陷。

◎ **相信你自己和你的想法。**你的想法和其他人的一样要有根据；不要因为那些听起来显得极其能说会道以及博学的人而气馁，有时候他们说的东西背后几乎没有实质内容。

GO 现在就开始行动吧……

- **确立你的“理想的”团队角色。**把你自己归类为以行动为导向的人、以人为导向的人或者思考者，然后确定贝尔宾的哪一类角色最适合你（见表 9–1）。询问朋友或者过去的团队同事的意见，但是要准备好听到与你的期待有所不同的回答。
- **反思你上次的团队活动。**你对团队活动的主要贡献是什么？查看表 9–1，你的角色是什么？团队是如何工作以实现目标的？团队的长处是什么？你如何运用这种经验来改善下一次团队练习？
- **在小组和会议中识别各种“角色”。**通读表 9–1 和表 9–3，看看你的小组中是否有表中概述的某种个性的人。思考这些人在之前的会议上是如何互动的。表 9–3 中提出的一些策略是否能帮助实现更加平衡的讨论？你是什么性格的人？如果改变你的性格，是否有助于你和其他人的学习？

第四部分

HOW to Improve Your Critical Thinking & Reflective Skills

评估他人的观点

第10章

评估信息来源：如何过滤和选择可靠的材料

现今，人们能够获得非常多的信息，而且获取信息的媒介如此广泛，因此对信息的评估成为一项核心技能。本章将帮助你理解信息和想法的起源以及判断信息来源的可靠性。

不论生活、学习还是工作，评估信息和想法的能力都是至关重要的。这是“信息素养”的关键方面，涉及多方面的技能，根据不同场景，所需的技能也将有所不同。

你分析的核心将落在信息本身的准确性或真实性、信息来源的可靠性或潜在偏见，以及与某一论点或论据相关的信息的价值上。你可能也会遇到相互矛盾的证据来源或者基于同样的信息的彼此对立的论点，这时你需要评估它们的相对优点。为了完成上述中的任何一个或者全部任务，你将需要对信息的起源和性质有更多了解。

信息素养和批判性思维

人们把信息素养定义为“知道你在何时以及为何需要信息，能在何处找到信息，以及如何以符合伦理的方式评估、运用和传播信息”。以下七项关键的思维技能与信息素养有关：

1. 识别对信息的个人需求的能力（“识别”信息）；
2. 评估当前知识和识别差距的能力（给信息“划定范围”）；
3. 构建查找信息和数据的策略的能力（“规划”信息）；

4. 查找和访问所需要信息的能力（“收集”信息）；
5. 回顾研究过程以及对比和评估信息和数据的能力（“评估”）；
6. 专业和符合伦理地组织信息的能力（“管理”信息）；
7. 运用所获得信息的能力：展示个人研究的结果，对新旧信息和数据进行综合，以创造新知识并以多种方式传播的能力（“展示”信息）。

信息和想法的起源

从本质上看，事实和想法起源于某人的研究或者学问，它们可能是描述、概念、诠释或者数字数据。在某些情况下，信息或想法只有通过传播或发表，才能让人们知道。发表的媒介可能各不相同，视学科而定。正在进行的研究往往发表在学术期刊中，如果是在艺术和人文学科领域，书籍可能包含新的信息和想法。

对任何一门学科中的文献进行分类的方法之一，是将其分为“一手”文献和“二手”文献。信息和想法通常最初出现在一手文献中，之后可能在二手文献中被修改（见表 10–1）。在分析和评估信息以及确定如何在自己的作业文本下援引证据或参考文献时，理解这个过程很重要。从逻辑上说，你越接近一手文献，信息与原始文献一致的可能性就越大。

你应该援引谁

如果可能，你要尽量阅读和援引一手文献。不要依赖二手文献，因为你可能发现作者会选择性地引用信息来支持他们的观点，或者以不同的方式来诠释信息。

表 10–1 **信息的一手文献和二手文献的特征和例子**

一手文献——想法和数据在其中被首次传播或发现	• 你的学科中的一手文献可能以期刊中的论文（文章）的形式发表 • 一手文献通常由作者的学术同行群体中的专家审查，专家们核查作品的准确性和原创性，并把他们的意见报告给期刊的编辑。这个体系有助于保持可靠性，但是并不完美 • 书籍（在杂志和报纸上的文章更为罕见）也可能是一手文献，但是这取决于所发表的信息的性质，而不是发表媒介。这些来源没有被正式审查，但是编辑和律师可能阅读了它们，核查是否有错误和无事实根据的或诽谤的断言 • 在一些学科中，信息来源可能是“非官方的”媒介，诸如信件或日记，或者是其他类型的“官方”文件，例如公司报告或者委员会报告、议会法案或者法律判决
二手文献——那些援引、改编、诠释、翻译、发展或者运用了从一手文献中提取的信息的文献	• 是循环利用的行为而不是媒介，使得消息来源成为二手的。评论是学术领域的二手文献，教科书和杂志文章往往也是这种类型 • 信息和想法伴随着人们改编、修改、翻译和发展，很可能发生有意无意地变动。二手文献的大多数作者并不刻意地打算改变一手文献的含义，但是他们可能无意中这样做了。其他一些人可能仅仅援引辩论中一方的证据，从而有意或无意地在他们的报告中加入了偏见 • 在创建二手文献时，修改可能涉及增加有价值的新想法和内容或者改正错误

评估事实的来源

能够评估事实的信息来源是一项关键的思维技能。要做到这一点，你需要：

- 评估信息来源或者其作者的可靠性；
- 理解内在的内容并滤出相关的事实和想法；
- 评估所提供信息或数据的可靠性；

- 总结与你自己的工作相关的信息来源的意义。

一些信息来源和事实被认为是非常可靠的。在理科领域，对于可靠性的一种解读是，有能力的同行能够重复的观察或者实验——成熟的“教科书”知识通常属于这一类。在其他领域，可靠性可能与提出主张的个人的过往表现和权威性有关，或者与被援引的证据的性质有关。

确立可靠性的一个重要方法是原始来源是否得到“同行评审”。在同行评审中，在有关的材料被接受为可以发表之前，由同一领域的一位或多位学者（“审查人”）对材料进行审查。此举有助于确保：

- 材料是原始的；
- 所有相关的过往作品得到了援引；
- 提到了彼此矛盾的理论和意见；
- 核对了所有的数据和计算；
- 对信息和数据的诠释是有效的。

这样的审查可能无法保证可靠性，也许有人会说这样的审查起到的作用是巩固“已经确立”的观点：激进的新想法在最初被提出时，往往遭遇极大的阻力。期刊编辑的任务是确保在维持言论自由和符合要求的论证之间达到平衡。

其他来源的可靠性相对差很多。它们可能没有援引证据，或者没有给其他人提供审查的机会。在最坏的情形下，证据可能是伪造的，或者无法评估或测试。你所读到的内容可能是被错误引用、被歪曲陈述的、错误的，或者是基于错误的前提。所展示的数据可能没有提示误差级别。这些风险对于网络信息尤其重要，因为这种信息被审查或编辑的可能性较低。

显然，这在很大程度上取决于信息来源是谁撰写的，以及受到了什么资助（即谁来付费）。因此，评估消息来源的另一个重要方式是研究作品的所有权以及“出处”（作品起源于何人何地及其缘由）。

- **原创作者。**你能够识别是谁撰写了这篇文章吗？如果有签名或者是有"作者署名"栏显示了谁撰写的，你或许能够判断你所阅读作品的质量。如果你知道或者认为作者是该领域的权威，这就可能是一个简单的判断，否则的话做一点点研究（例如，把作者的名字输入搜索引擎）可能对你有帮助。

  当然了，仅仅是因为 X 教授认为某件事是对的，并不说明这件事就一定是对的。然而，如果你知道 X 教授的观点是得到了多年的研究和实验的支持，那么，相比于一位不知名的网络作者的思想，你或许会稍微严肃地看待他的观点。如果文章没有援引作者，这可能意味着没有人愿意为内容承担责任。这种情况是否有原因呢？

- **出处。**提到了作者的工作地点吗？这可能告诉你，在文章所给出的事实或观点背后，是否可能进行了学术研究。如果作者在公共机构工作，可能需要遵循出版规则，在传播文章之前作者甚至不得不在首先将作品提交给出版委员会。如果文章中包含了粗鄙或者错误的材料，它们显然更有可能陷入麻烦。另一个问题是，某家公司在内容的背后是否有既得利益。

表 10–2 是用于评估信息可靠性的一份检查表。表中的这些问题是基于常规被采用的标准；你给出的"是的"的回答越多，你的消息来源的权威性就越大。

确定原创作者和出处

这些信息在大多数发表的学术资料来源中是容易找到的，方便起见甚至可能就出现在文章标题下面。在互联网上，可能不那么容易找到你想要找到的东西。往往可以从页眉、正文和页脚信息中获得相关的线索。

表 10–2　　评估信息可靠性的检查表

评估原创作者以及信息来源的性质	对信息及其分析进行评估
• 你叫得出作者的名字吗 • 你能够确定作者有什么相关的资质吗 • 你能说出谁聘用了作者吗 • 你知道谁为要完成的研究付费吗 • 这是一手文献而非二手文献吗 • 该信息来源得到审查或编辑吗 • 内容是原创的还是编撰的 • 该信息援引了相关文献吗 • 你核查了一系列的信息来源吗	• 该信息来源被他人援引了吗 • 对于该信息的准确性，该信息来源的日期重要吗？例如，它是在事件发生的同一时期写的，还是利用了后见之明写下的 • 你是否聚焦于信息的实质，而不是其外在包装 • 这些信息是事实还是观点 • 你核查论证中是否存在任何逻辑谬误了吗 • 所使用的语言解释了信息的状况吗 • 是否已经考虑了与任何数字有关的错误 • 你是否运用适当的统计方法对数据进行了分析 • 所有图表是否都得到了合理的构建

检查事实和观点的可靠性

检查可靠性的最显而易见的方法是进行互相参照检查。在这方面“三方测评”涉及查看不止一个信息来源，并就每个信息来源的内容进行对比。有关的信息来源应当尽可能彼此独立。例如，不要将一个原始来源与一个直接基于它的来源进行对比。如果你发现不同的信息来源彼此相符，你可以更加确信你的立场。如果两个消息来源彼此存在分歧，你可能需要确定哪一个较好。

维基和其他网络资源的可靠性

网络上大部分材料的临时性质对于学术研究是不利的，因为在你援引之后，它可能变化甚至消失。你可能很难甚至不可能搞清楚那些材料的作者，像维基百科这样的网站就属于这种类型。

一个重要的焦点应该是区分事实与观点。这样一来，你可能需要回答下列问题：作者对某种既定观点的支持程度如何？是否援引了相关的支持信息？是通过文献引文，还是作者自己的研究？是否运用了数据来证实所持的观点？这些数据可靠吗？例如，你能通过考察所引用的消息来源来验证吗？作者是否可能因隐秘的原因而用有偏见的证据来支持一个观点？

评估的任务

在科学的领域，你将需要诠释和检查数据的可靠性。这对于建立和检验有意义的假设是必不可少的，因此是科学方法的核心。

在非科学领域，想法和概念是重要的，你可能需要对信息和论证进行客观分析，以便在证据的支持下构建你的立场。

在某些情况下，你应当集中精力来分析提出观点的方法而非事实本身，这将帮助你发现错误的论据和逻辑上的缺陷。

你应当仔细查看信息来源中的数据和图表以及对它们的分析方式。如果你查看的信息是数字，是否考虑了关于数据的任何错误？在某些情况下，这些错误是否被量化？这样做是否能帮助你弄清楚重要数值之间的差异的真实性？信息来源是否运用了适当的统计方法来分析数据？基本假设正确吗？任何检验的结果都已经被正确地诠释而得出结论了吗？仔细查看所有的图表，因为这些图表的构建方式可能是为了强调某种特定的观点，如选择轴的起点来实现。

不要被统计数据所蒙蔽。把统计方法并没有真正涉及证明的问题放在一边，那么只剩下概率，通常可能利用分析和展示数据的方式，使它们支持所选定的一种论据或假设，而不是另一种，即“你能够用统计证明一切”。为了应对这些情况，你至少对“统计方法”以及常用的技巧有基本的了解。

批判性地评估信息来源

◎ **考虑信息来源的时限。**“时间久远”并不一定意味着“错误”，但是在当时和现在的想法和事实之间可能发生了改变。在提供给你的信息中，你能够追踪随着时间的推移而发生的变化吗？哪些关键事件、作品或者方法的改变迫使结论发生了变化？

◎ **查看作者所提供的引文的范围和品质。**这尤其适用于学术期刊中的文章，其立场通常是由引用的文献支撑的。这些引文可能事先进行了一定规模的研究，并且想法或结果是基于真正的学术成果。如果你怀疑作品的质量，或许你需要查看那些参考文献是否是最新的？它们是否援引了独立的文献？

◎ **分析所使用的语言。**词语以及对词语的使用也可能揭示真相。句子结构是主观的还是客观的？前者可能表明个人观点，而不是客观结论。是否有任何故事化的迹象？绝对化的词语可能显示了偏见，例如“人人都知道……”“我敢保证……”，或者，对于证据不平衡的考量也可能意味着偏见。作者对于这个题目的考虑有多认真？夸张、模棱两可或者对新闻笔调和俚语的运用可能显得不那么慎重。然而，要始终牢记，对于内容的评判应当高于对表现方式的评判。

◎ **查看还有谁引用了作者的作品，以及是如何引用的。**在很多学科中，你可以通过查阅 Web of Knowledge（通常通过你的大学图书馆或者相关的电脑软件获得）来搞清楚一篇文章或一位作者被援引的频率以及是被何人援引，从而让你能够查阅其他人是如何看待的。对于在这些来源后面的已出版的专业评论也可能提供有用的意见。

GO 现在就开始行动吧……

- **检查并评估你拿不定主意的信息来源。**如果你无法确立其可靠性，你应当围绕该题目进行进一步的研究。

- **分析你的阅读书目的性质。**每当有人提供给你用于辅导课、评估练习、项目或背景阅读的阅读书目时，你要确定它是一手文献还是二手文献，以及为什么。如果是二手文献，那么其中援引了一手文献的任何内容吗？如果可能，尽量查阅一手文献或其副本，从中你可以发现知识的本质，了解它是如何产生以及在转化过程中是如何被修改的。
- **查看相关领域中的一手文献。**你可以去图书馆查阅，也可以在网上访问。阅读一两篇文章，从中体会其格式、写作风格、语言和所使用的信息来源的特色。你可能会觉得很难理解其内容，但是努力去尝试总会有收获。

HOW to Improve Your Critical Thinking & Reflective Skills

第 11 章

如何有效阅读和理解

透彻理解其他作者想法的第一阶段就是阅读。本章将概述阅读所涉及的过程，推荐可以帮助你更有效处理专业和学术文章的方法。

你在学习和工作过程中将会阅读很多遵循传统学术风格写作的书籍和章节，乍一看都显得很难。但是，如果能够掌握学术出版物的写作架构，理解这些内容中的文字都是如何组织起来的，你就会更容易理解作者所论述的要点，而且以这样的方式阅读学术、专业文献还能帮你节约时间。

阅读和做笔记

本章提到的做笔记通常是指阅读和理解之后。虽说阅读的同时也可以做笔记，但这通常并不是最有效的方法，因为这时的笔记很容易成为所阅读内容的复写。浏览所需阅读内容之后，对上下文及内容本身有了更清楚了解的情况下再做笔记，效果会更好。

统观内容的总体构成

对于需要阅读的内容，无论是专业人士的推荐，还是自己拓展的看似相关的内容，都应该先大致浏览一下，让自己了解其中主要包括了什么内容。可以使用结构元素来回答以下关于内容要点的问题：

- **标题及作者**。这部分内容看起来会对你有帮助吗？作者在主题所涉及的领域内是知名权威人士吗？
- **出版商的"推介语"**。它显示的内容覆盖范围符合你的需求吗？
- **出版细节**。什么时候出版的？这本书可以为你提供最新的信息吗？
- **目录排列**。目录显示这本书涉及了你需要的重点领域吗？章节标题所能显示的内容足够详细吗？
- **索引**。是否详尽？能否帮你快速找到想要的内容？快速浏览一下，能发现你想要的相关内容吗？
- **总体印象**。内容看起来易读吗？副标题能帮助导读吗？可视化资料是否清晰且注释充分？

这些问题的答案会帮助你决定是否继续探读：有必要整本读完此书，还是仅仅选读部分章节？或者此书在现阶段价值有限。

你的阅读目的是什么

开始阅读前，想想自己的阅读目的是什么，这是个事半功倍的好主意。

- 如果你在寻找某一特定信息，这往往很容易做到，以索引或章节标题为指引即可。
- 如果你希望参照现有专业图书来拓展笔记，那么你恐怕需要换种方式阅读，因为这可能关乎做笔记。
- 如果你的目的是透彻理解作者的潜在想法或观点，那你可能需要慢慢地仔细阅读，并反复阅读关键部分。

如何审视文章自身的结构

结构严谨的学术文章都会遵循一种标准模式，一般来说会包括引言、主体和结论。引言部分有时会由数个段落组成，有时可能只有一段文字。同样，结论部分也同样如此。图 11–1 展示了一篇由五段文字构成的文章布局，其中包括了一段引言、一段结论，以及中间三段长度不等的论述内容。

在文章结构范围内，每一段落都是以陈述本段内容的主题句为开头，同时每段内容有其各自的功能。

从作者的角度去阅读

作为读者或内容的解码人，理解学术文献的构成及写作结构是极为重要的。把你想象成作者，如果你要进行某主题的写作，你会如何考虑逻辑结构，清楚写下自己的想法，这样的理解能够帮助你来解码你所阅读的内容。

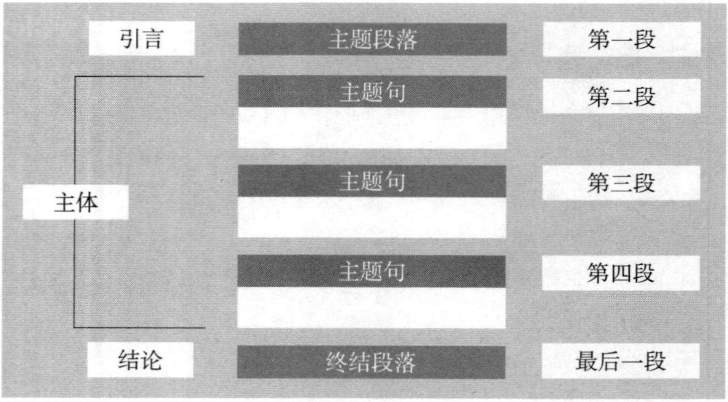

图 11–1　文章布局例子

绝大多数学术内容都采取类似的架构，只是段落显然更多而已。比如有些段落以描述为主，有些段落会举例，有些可能审视并赞同某个观点，有些段落则可能反驳与作者观点相悖的看法。

要善于发现段落中的“标志词”，这些词汇可以引导读者发现内容的逻辑结构。比如，“然而”一词表明马上会出现与之前观点相反的内容；“因而”则预示着马上要解释结果了。图 11–1 中给出内容结构的分解。

运用上述内容结构来获得内容的总体立意。

- 阅读主题段落或终结段落，甚至只阅读这些段落的主题句，来快速获得对内容的大致理解。
- 浏览内容，寻找自己感兴趣的关键词。这样可以发现值得详细阅读的段落。标题或副标题往往可以帮助查找关键词。
- 搜索标志词，以找出其背后的“论点”。

快速阅读技巧

介绍提高阅读速度的技巧之前，先搞明白快速阅读者如何阅读会很有帮助。这些快速阅读者不是把每个词都作为一个单独的单元来阅读，而是采用周边视觉（当你向前看时，视觉左右所及的最远范围内）的方法。这意味着他们吸收了一目范围内的一簇词组，如图 11–2 所示。例子中，这一行文字需要分成三目来阅读。

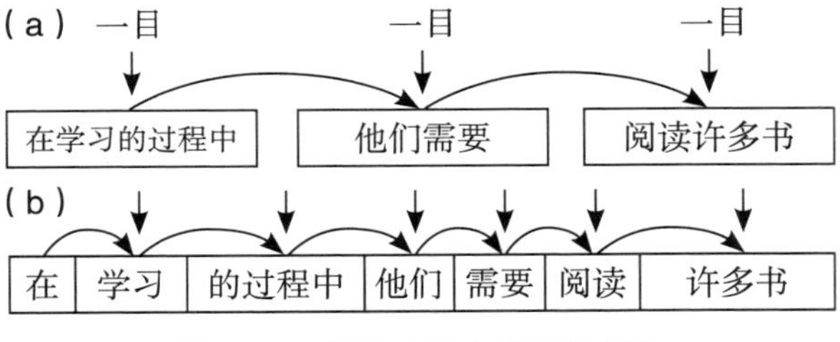

图 11–2　阅读过程中的视线活动

在图 11–2 所示的阅读过程中，（a）读者将一目所及范围的词汇打包吸收；（b）读者逐字阅读。显而易见，用周边视觉方法阅读的要比逐字阅读［图 11–2（b）］的效率更高。有研究显示，逐字阅读降低了阅读速度，实际上反而会阻碍理解。

作为熟练的阅读者，你可能已经掌握了这些快速阅读技巧。其他可以尝试的技巧还包括“手指引导阅读”，即可以将手指放在你所阅读的语句下方，随着你的视线划过页面，以一两个词为跨度走走停停。这是为了提高你的视线移动速度，让你的注意力集中在所阅读的文字上，防止你跳回到之前或是之后的语句上去。有些人认为在所读语句下划横线的方法会有帮助，因为这可以形成有效的引导，防止视线跳跃到所读文字以外。

一个人的平均阅读速度据称大概为每分钟 265 个词，以学习为目的阅读速度可能略微慢一些，有很多因素可能会降低阅读速度，诸如内容难度、你对内容中术语的熟悉程度以及文中所讨论概念的复杂程度等。不过随着你对相关专业内容越来越熟悉，再辅以补充材料阅读，阅读速度就会相应提高。

用手指引导法提高你的阅读速度

- 选择一篇两页左右的阅读材料，记录开始和结束阅读的时间，并按表 11–1 中的方法 B 计算自己的阅读速度。
- 间断 40 ~ 60 分钟时间，再回到阅读材料上来，用手指在每行文字下方，以比自己能读的快得多的速度滑动。
- 重复上述动作，但以更慢的速度，让自己刚刚能读（“手指引导阅读”）。再次计算阅读速度，你应该发现自己的阅读速度较第一次有所提高。
- 在每天的固定时间做这项练习，坚持一周；尽量采用相似长度及难度的阅读材料。

你可以使用表 11–1 给出两种方法之一来测算自己的阅读速度。如果你的阅读速度显得较慢，可以在每天的同一时间使用相似难易水平及长度的文章进行练习，寻求改善。经过阅读速度训练，你会看到自己的平均阅读速度逐渐有所提高。

降低阅读速度的因素

尝试提高阅读速度方法的同时，你也应该了解下面降低你阅读速度的可能因素。

- 分心因素，例如来自电视、音乐或谈话的背景噪音。
- 默读（像朗读一样在心里念出每个字）。
- 逐字阅读。
- 过度疲劳。
- 视力因素：如果你觉得自己的视力不足 0.8，那或许需要做个视力测验；视力太重要了，不能忽视，配一副合适的眼镜可能给你的阅读速度带来巨大飞跃。
- 光线昏暗：如果有条件，在阅读时使用台灯，并确保阅读材料在灯光下；在昏暗灯光下阅读会造成眼睛疲劳，而这又会使人的注意力和阅读长度受到限制。

表 11–1　　计算阅读速度的两个方法

方法 A（特定阅读时间）
（a）从任意一本专业图书中选择一个章节，尽量不要选择报纸或期刊，因为报刊内容往往是分栏印刷；
（b）计算每行内容的平均字数；
（c）数出每一页的总行数；
（d）相乘（b × c）得出每页字数；
（e）在特定的时间内不间断地阅读，如阅读 4 分钟；
（f）4 分钟内阅读的页数，如为 2.5 页；
（g）相乘（d × f）计算出总计阅读字数；
（h）相除（g ÷ e）得出阅读速度。
方法 B（特定内容长度）
（a）找一篇已知字数的内容；
（b）按秒记录阅读这些文字所需的时间；
（c）将阅读时间换算成分钟；
（d）相除（a ÷ c）得出阅读速度。

其他有助于快速阅读及理解的策略还包括以下内容。

- **浏览**。像在电话号码簿中查找电话一样，快速掠过某个清单或一页内容，以寻找关键词的方式找出特定的信息。
- **扫描**。通常在决定仔细研读整个内容之前，让目光快速扫过一个章节。这将帮你对这章内容有个整体的了解。
- **找出主题句**。如图 11–1 中所述，找出主题句，可使你在仔细阅读之前对内容有大概的了解。
- **识别标志词**。如前所述，标志词有助于引导读者辨识作者所遵循的逻辑推导路径。
- **辨识语法上相连的词语**。人们会下意识地按语法规则来集结词语。这可以减少目光的停顿，帮助提高阅读速度。
- **从标点符号中获得线索**。在阅读过程中，你还可以从逗号和句号等标点符号的使用中找到内容结构方面的线索，进而理解阅读内容。

要想取得成效，快速阅读必须与较高程度的理解相匹配；相反，过慢的阅读反而妨碍理解。你需要对自己的理解能力做些测试，来验证自己确实理解了所阅读内容中的要点。一种包含自我测试的阅读方法是 SQ3R 阅读法——即概观（survey）、提问（question）、阅读（read）、回忆（recall）及回顾（review）。这种方法需要同时调用记忆和学习技巧。

下文对 SQ3R 阅读法——为记住而读，进行了详细介绍。读者必须对内容中的材料进行处理，而不是简单地自动往下读，否则什么也记不住。其中，记笔记的方法会在第 12 章中进一步介绍。

概观阶段

- 阅读一章或一页内容的第一段（主题段落）及最后一段（终结段落）；
- 阅读过渡段落中的主题句；
- 有的话，阅读标题和副标题；
- 审视图表及图示，找出内容重点。

提问阶段

- 就此课题，你已经了解了什么？
- 作者看起来要告诉你的是什么？
- 你需要具体了解哪些东西？

阅读阶段

- 快速阅读整个章节，获取内容梗概，手指引导阅读方法此时或有所帮助；
- 返回提问阶段，重温自己的初始答案；
- 特意寻找关键词、关键表述、标志词；
- 不要停顿下来为生词查词典——把内容读完。

回忆阶段

- 合上书或笔记，尝试尽可能地回顾所读内容；
- 画出主要标题 / 注释 / 图示 / 图表框架；
- 再打开书，求证回顾内容的准确性；
- 建议回顾周期——每隔 20 分钟。

回顾阶段

- 休息后，尝试回顾要点。

阅读在线内容

当然，你可以将网上的材料打印出来阅读。这时，适用本章前面所述的阅读准则。然而出于成本及环保的考虑，抑或仅仅出于打印之前先评估一下材料的需要，你可能想直接在屏幕上阅读。网上阅读时，注意以下要点。

- 由于网页设计的因素，内容往往以屏幕大小分割成“页”，“页”与“页”之间会有快速链接。这可能让人对内容主题难以获得整体认识。确保完整阅读了整个材料之后再做判断。
- 网络内容的一个优点是其写作风格往往铿锵有力，带有符号列表的内容清晰易懂，且常用插入图表凸显信息。不过要记住，网络内容可能缺乏严谨的细节，例如举例的数量及深度。

- 容易获取的网上资料，可能有很强的实效性——可能是相关领域的最新内容，但在内容的准确性和严谨性可能差强人意——务必确定推荐阅读清单上是否有“正规的”印刷材料，尽量在图书馆里找到相关的阅读材料。
- 本书所介绍的浏览法可通过“搜索”功能直接找到关键词。
- 如果你较长时间盯着电脑屏幕的话，请确保自己采取正确的姿势，平视视线最好与屏幕的中间点大致持平。
- 经常休息——站起来，来回走一会儿，然后再继续工作。

有效阅读及理解

◎ **明确自己的目的，有选择地阅读。**想想自己为什么阅读，审视自己已经收集的与研究的相关主题或题材的内容。它应该能帮你理解一个题材的呈现方式、论述的主旨或过程。你是为获得总体概述而读，还是为了发现更多具体信息而读？使用符合你需求的技巧和材料。

◎ **根据你需要阅读的内容调节阅读速度。**报纸上略微有趣的文章所需要的精读程度恐怕远远低于专业或学术著作中的重要章节。

◎ **先抓住一般信息，然后再对付难点。**不是所有文字都对读者友好。如果你发现某段文字难以理解，先把它跳过去，为其绞尽脑汁也不能增进你的理解。继续读下去，直到文字出现自然停顿，比如一章结束时，再回头重读之前的“难点”。一般来说，读第二遍时就容易理解多了，因为你对上下文已经有了大概了解。同理，不要一遇到生词就停顿下来。读下去，争取从其他文字中领会其大意。全部读完后再去查字典。你也可以将这些生词及其定义汇集起来，帮助扩大自己的词汇量。

◎ **规律休息。**长时间不停地阅读，效果适得其反，人的注意力在持续 20 分钟后达到峰值，但持续 40 分钟后就会下降。时不时休息一下，但要确保休息的时间不超过学习的时间。

◎ **跟进阅读中的引用内容。**阅读时，你需要注意文字中引用的其他作者的有关内容。并非所有引文都与你的阅读目的相关，但遇到你最感兴趣的引文时并予以快速留意还是值得的。完整的参考文献一般都会在章节 / 文章或书籍尾部出现，供你在阅读原文后展开补充阅读。

GO 现在就开始行动吧……

- **测试你的阅读速度。**选择一篇适宜的文字，运用表 11–1 中介绍的两种方法计算自己的阅读速度。如果你觉得自己的速度较慢，就试试本章快速阅读小节中推荐的方法。使用这些方法并坚持一段时间。在确定哪一种适合你之后，再测试一下自己的阅读速度，看看是否有所提高。
- **在阅读书单中找本书，用它练习浏览这种阅读理解策略。**不要直接翻到需要阅读的页面，而是先花 5 到 10 分钟浏览一下全书。思考作者是如何组织内容的，以及为什么这样组织。带着这一理解再阅读具体内容，然后反思这样做是否改善了自己对内容的理解与吸收。
- **从每段的主题句中寻找线索。**阅读时，先读段落中的主旨句，看自己是否能快捷地初步了解作者的主要观点。这样做也可以帮你准确地找到需要仔细阅读的重点段落，进而更深入地理解这些要点。

第 12 章

如何有效地记笔记

给自己读过的内容留个记录是必要的，因为需要记住和保留的信息实在太多了。本章介绍的几种实用方法，可以让你以恰当的方式记录所阅读及思考的内容，如内容的前后关系、所呈现出的批判性思考和观点等。

在工作和学习的很多情况下，你可能会收到一份推荐阅读清单。这些阅读材料一般与你的专业领域有关，可能包括专业或学术图书、期刊文章和互联网上的资料。有时你还需要阅读具体的参考文献，有时则需要你自己去寻找相关内容。本章介绍可以帮助你找到阅读材料中最为相关内容的技巧以及做笔记的基础信息。

随着工作和学习的展开，发展适合自己的记笔记方法非常有用。你记笔记的方法需要适应你的学习习惯以及能够用来阅读的时间，并且还要与阅读材料及主题范畴相适宜。本章将推荐一系列记笔记方法，你可以用来帮助提炼和记录阅读中的要点。

为什么要记笔记

在现实情况中，你面对的阅读材料很多，而时间又相对有限，这时就要对阅读材料进行分类，区别对待。有些材料浅尝辄止即可，而有些材料则要精读。这就需要你确定记笔记的目的是什么，比如：

- 勾画主题概貌；
- 记录顺序或过程；
- 记录文章中的新意；
- 比较不同的观点，并形成自己的观点；
- 提取一方论点或立场的逻辑；
- 理解数据的含义；
- 借用引语；
- 给材料加上自己的评论。

这会对你记笔记的风格、细致程度及深度有深远影响。无论你的目的是什么，记笔记的一个重要方面是让你思考所阅读的内容。用自己的语言转化和缩写所读内容，迫使你更深入地思考，而不是停留在文字的表面。

需要记录什么

记笔记时的陷阱之一是，人们往往是从一张白纸开始，手里拿着笔，然后随着阅读开始记录“要点”。过不了一会儿，他们就重新写了这本书。避免这种情况的窍门是：

- 确认自己的目的；
- 确定符合阅读内容的最恰当的笔记风格和布局；
- 浏览要阅读的章节；
- 找出作者的意图，例如：
  - 叙述事件或过程；
  - 陈述事实；
  - 解释原因或展示逻辑论证；
  - 分析议题、问题或情况；
  - 批判一种论点。
- 搞清楚作者对主题的解读，以及该解读与你自身阅读目的之关系；
- 记下你在阅读过程中产生的想法；

- 如果还有其他阅读材料的话，将当前所读内容与其他材料联系起来考虑；
- 确保用你自己的语言表达，而非抄写原文。如果抄写原文，则使用引号，且记录下参考信息。

如何布局笔记

这里有几个你可以考虑采取的策略（如图 12–1 至图 12–7 所示），并非所有策略都适用于你的阅读材料，有些适用，有些可能无法直接使用，但经过些许调整，就可能会对你有用。表 12–1 对这些策略的优缺点进行了比较。

表 12–1　记笔记的不同策略比较（图 12–1 ~ 图 12–7）

笔记类型	图	优势	劣势
关键词笔记	12–1	罗列式布局，容易获取信息	依赖于内容的系统性结构
线性笔记	12–2	数字排序——便于概念分类	格式局限，不易回头添加新信息
时间线笔记	12–3	可辅助记忆事件顺序；过程的不同阶段	信息量或有限
流程图笔记	12–4	可从复杂选项中理出清晰路径	占空间；或显粗笨
概念图 / 思维导图	12–5	便于信息记录于单一页面	容易显乱；或难以跟上思路；并非所有学习风格均适用
图表笔记	12–6	布局便于记录不同观点、方法、应用	内容或信息量方面有空间局限
鱼骨图	12–7	便于陈列一个论点的两个对立面	内容或信息量方面有空间局限

某种做笔记的方法可能对你格外有吸引力，因为它看起来更符合你的学习习惯。例如，某人在提到的 VARK 方法中呈现“读 – 写偏

好”，就可能倾向于使用关键词笔记或线性笔记（见图 12–1 或图 12–2），而“视觉偏好者”则可能倾向于使用图 12–5 所展示的概念图。

记做笔记要领

如果你做笔记得法，会节省时间。

- 在所有的笔记中都记录完整的信息来源细节，也就是：
  - 作者姓氏及名字缩写；
  - 章节标题完整及标识页码；
  - 出版日期；
  - 出版社名称及出版地。

如果决定在自己的文章中引用阅读所得信息时，你会需要这些信息，这样能够给出信息来源。

- 加上记笔记的日期，以记录笔记顺序；
- 你的笔记必须做到在六天、数个星期或数个月的时间跨度内都同样有效。用下列方法使你的笔记个性化：
  - 文字下划线；
  - 标亮文字；
  - 以颜色区分；
  - 使用数字编号；
  - 列出要点清单；
  - 使用助记符；
  - 采用不同的布局；
  - 圈出重点。

其他方法可能适用于某个特定阅读任务：需要分析一组复杂观点或立场的阅读任务，可能最好采用图 12–6 所示的分栏制表的方法记笔记；而要求审视一个立论正反两面的阅读任务，则可以通过图 12–7 中所示的鱼骨图或其衍生的方式记笔记。

题目：农村人口下降
来源：奥米斯顿，J.（Ormiston, J.），2002，《乡村田园诗》（*Rural Idylls*）。
格拉斯哥：乡土出版社（Country Press）

问题：	农村人口下降 传统社区解体 新移民聚居区——宿舍村
原因：	农业机械化 联合收割机诞生 更大的农场、更少的工人 传统农业及相关活动减少
影响：	家庭分散——孩子越来越少 商店、邮局、学校、医院关闭 公共交通愈加不便
解决办法：	发放住房补贴，鼓励家庭留在乡村居住 发展多元化经济，如旅游 / 度假行动 刺激农村经济——农场商店、农贸市场 传统农作物多元化——寻找新市场

图 12–1　关键词笔记示例

（a）

题目：儿童肥胖症
来源：斯金纳，J.（Skinner），2001，《饮食与肥胖》（*Diet and Obesity*）
爱丁堡：城堡出版社（*Castle Publishing*）

1. 生活方式
   1.1 电视、电游世代
   1.2 无监管的闲暇时间——久坐不动
2. 饮食
   2.1 不停地“喂食”垃圾食品
   2.2 添加剂 / 加工食品
   2.3 缺乏水果蔬菜等新鲜食品
3. 锻炼
   3.1 观看而非参与体育运动
   3.2 在学校拒绝参加团体运动
   3.3 孩子被保护过度，无法在户外“自由玩耍”
4. 家庭
   4.1 父母饮食过量；孩子有样学样
   4.2 即食食品
   4.3 食物激励和食物奖励
5. 学校
   5.1 不吃校餐，喜爱光顾零食店 / 炸鱼薯条店
   5.2 健康饮食规划成为在校课程的一部分
6. 健康服务
   6.1 对预防的重视下降
   6.2 对父母及儿童的健康教育有限

(b)

题目：有机材料的一般特征
来源：贝克，J.（Barker, J），2001，《大学化学》（*Chemistry for University*）
曼彻斯特：米德兰出版社（Midland Publishing）

1. 固体状态——分子晶体——粉末，聚乙烯，薄膜

2. 独特的物理特性——为高科技应用而开发

3. 优点
   3.1 多功能——有机化学中记载
   3.2 可随时获取——通过有机合成方式
   3.3 低成本——原材料廉价
   3.4 易于控制——可熔，可溶；容易制造

4. 缺点
   4.1 相对脆弱

5. 重要种类
   5.1 导电电荷转移态盐
   5.2 导电聚合物

(c)

议题：运算放大器
来源：斯科特，D.I.（Scott, D.I.），1977，《运算放大器》（*Operational Amplifiers*）
考文垂：电路出版社（Circuit Publishers）

1. 通常为集成电路；可离散

2. 运用所有技术：双极；场效应管（FET）；金属－氧化物－半导体（MOS）；差分输入级电路（BI-FET）工艺

3. 实际上是高度稳定的差分放大器

4. 优点
   4.1 高压增益——典型值 10 万
   4.2 高输入阻抗——典型值 1MΩ——可高出很多，FET，MOS
   4.3 低输出阻抗——典型值 600Ω
   4.4 低漂移，BI-FET 工艺最佳
   4.5 宽电压供电范围

5. 缺点
   5.1 带宽相对狭窄——增益带宽积（GBP）典型值 1MHz（但可直流电下运行）
   5.2 在离散版本中非常不稳定——需要匹配的晶体管

6. 常见类型
   6.1 741——最常见
   6.2 LM 380——常见的音频信号（AF）放大器
   6.3TDA 2030——普通功率放大器——20W 至 4Ω

图 12–2 线性笔记示例

图 12–2 中的这些例子来自三个不同的学科，而每个学科均可采用分级法做笔记。

图 12–3 中的这种布局便于展示事件发生的顺序，在此案例中为欧洲组织的发展历程。

图 12–4 中的这类笔记在用可视化形式描述复杂过程方面尤其有效。

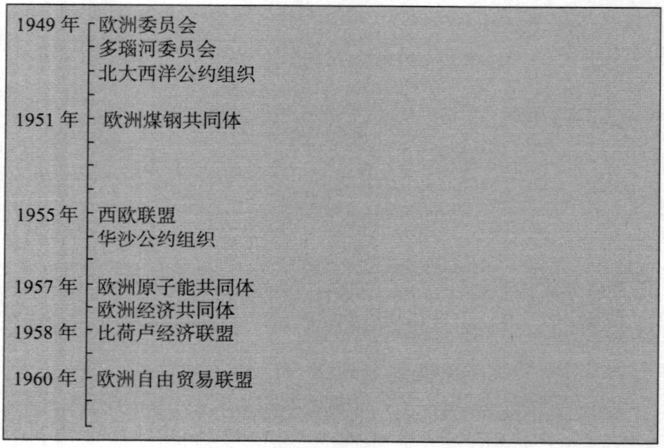

图 12–3　时间线笔记示例

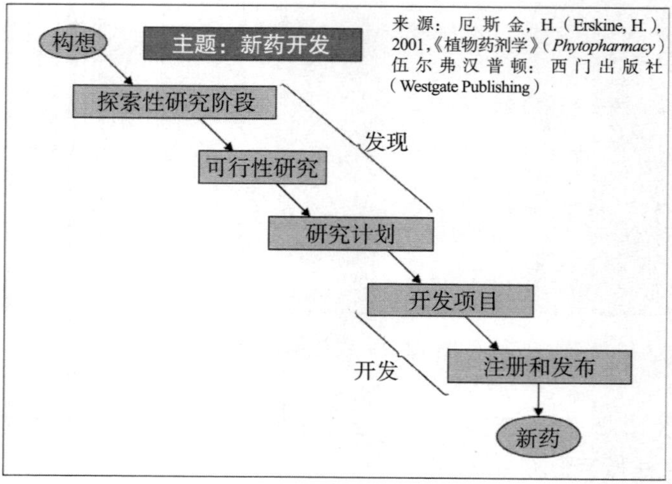

图 12–4　流程图笔记示例

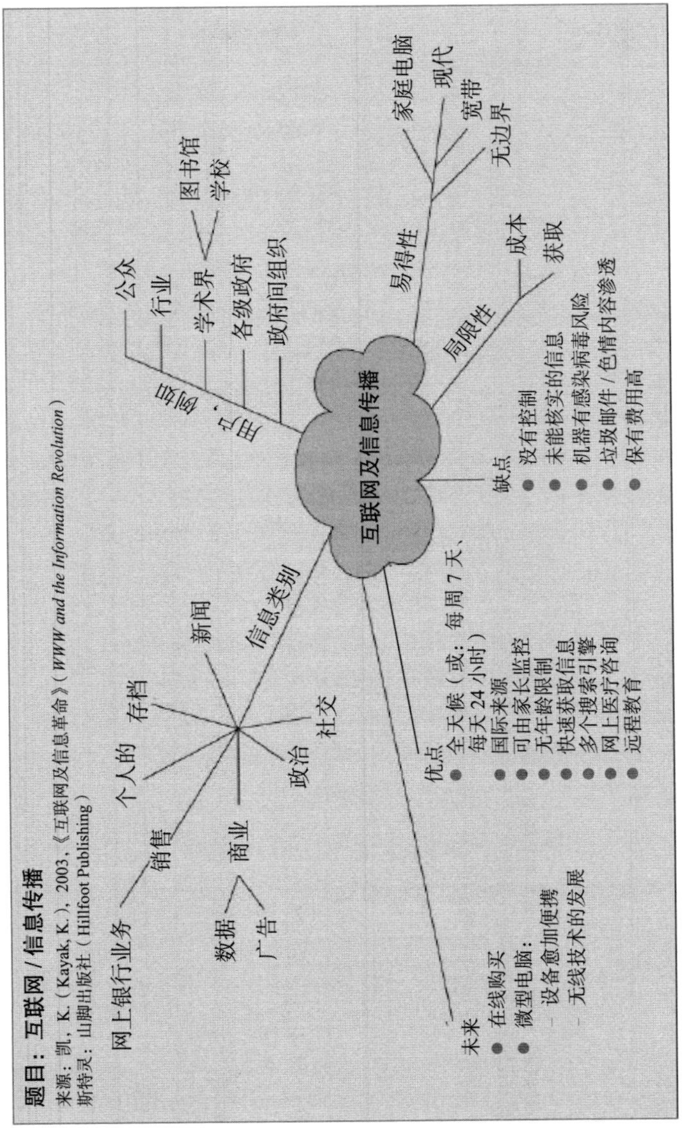

图 12–5 概念图笔记示例（这也被称为思维导图）

题目：交通拥堵

来源：沃克，I.M.A.（Walker, I.M.A.），2005，《城市神话与开车的人》（*Urban Myths and Motorists*）。伦敦：格林出版社（Green Press）

解决办法	议会观点	警方观点	地方商界观点	当地居民观点
行人专用区	+ 维护成本低 - 需初始支出	+ 易于维持治安 + 减少汽车犯罪 + 闭路电视监控更容易	+ 购物及经商活动更安全 - 会劝阻驾车顾客	+ 购物更安全 + 城镇环境污染更少
停车转乘规划	+ 落实交通政策 - 需投入资金启动 - 停车场维修费用	+ 减少城镇中心区交通拥堵 + 减少机动车事故 - 潜在停车场犯罪风险	- 失去习俗 - 缺乏便利 - 把客户送给别人	+ 城镇环境污染更少 - 费用高
提高停车收费	+ 罚款收入 - 设置成本高	- 对执法者的敌意	- 失去习俗 - 送货卸货有问题	- 居民因路边停车受到处罚
限制开车出行，如采取单双号限行	+ 易于管理	+ 易于维持治安	- 寻求商用车辆豁免	+ 鼓励每天进城者汽车共享 - 不方便
对进城车辆收取拥堵费	+ 收入增加 - 落实跟踪系统需要成本	- 其他路线上交通拥堵	- 失去习俗的成本	- 抑制工作 / 休闲活动 - 成本

图 12–6 图表笔记示例

这一特定分析从一系列不同的角度提出了对一个问题的积极（+）和消极（-）看法。

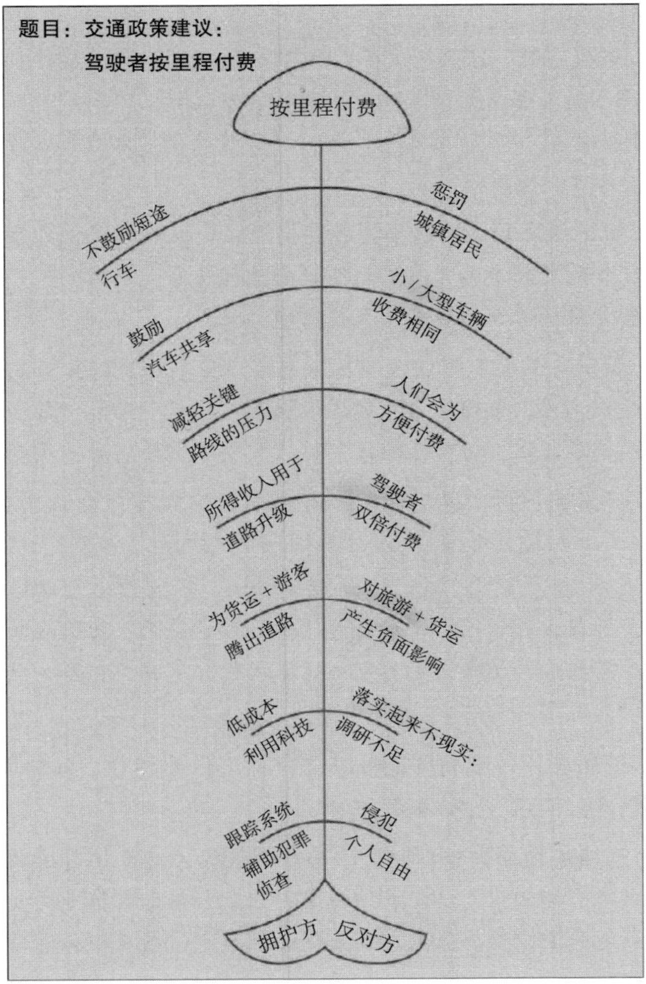

图 12–7　**鱼骨图示例**

这种布局，如此种情况下，很适合展示论证的两面。

如何做个性化笔记

◎ **边写边想**。这是深度学习的根本所在，不要简单地以笔记形式总结他人的文字与思想，而是要评估正在阅读的事实及想法。你需要将不同的阅读材料联系起来，同时也要将整个阅读内容与你的阅读目标联系起来。

◎ **笔记是资源，所以不要轻易扔掉**。花在记笔记上的时间是一项投资。你的笔记是你宝贵的财富，当你回头看之前记的笔记时，当时只是部分理解的东西可能会变得清晰起来。

◎ **留白**。不要尽可能多地把信息都集中到一页纸上；在列表或其他重要信息周围留出空白。通过大脑的“视觉”功能，你会很容易地回忆起信息。这些留白空间还可以在需要添加信息时使用。

◎ **开发自己的“速记”符**。有些专业领域有自己的专属缩写，例如 MI（心肌梗死）或 WTO（世界贸易组织）。当然还有标准缩写——例如（e.g.）、即（i.e.）、等等（etc.）。不过你也可以根据自己的经验，开发自己的缩略语和符号，例如数学符号、短信或其他语种的单词。只要这些缩略语对你来说容易记住且有意义，那么就可以成为记笔记的有用工具。

◎ **使用影印件节省时间**。在复印件上做出标示和注释更方便。了解版权法对读者影印出版物的限制。

◎ **直接使用原文材料时要小心**。如果你决定直接引用原文中一段摘录内容，那么你需要记载该内容在你所引用之书籍或文章中的页码，这一点非常重要。你应该给出作者姓名、出版日期和页码。

GO 现在就开始行动吧……

- **找出缩写词。**找一本提供了详尽缩略语列表的通用词典，找出你可能使用的缩写；查阅专业词典，看看里面是否提供专业缩写列表。如果你遇到不熟悉的缩写，就知道去哪里查了。
- **与朋友对笔记。**每个人都有不同的记笔记的方法，这些方法已被人们个性化，以适应各自的风格。将你的风格与同学的风格进行比较——最好是针对同一内容的笔记。讨论你们各自记录的内容及原因——这可能显露出二人在推理、理解和逻辑上的一些差异。
- **尝试新方法。**你可能认为自己已经有了一套相当合理的记笔记方法，但随着时间的推移，你或许会发现它不太适合现在的阅读类型。如果情况确实如此，请尝试本章中介绍的其他方法，看看它们是否更合适。

第 13 章

剽窃和侵犯版权：如何避免被指控“窃取”他人的想法及成果

在表达自己的想法时，对抄袭和版权问题有所理解是至关重要的。你需要知道，引用参考文献时做出适当的说明是必须的，而且复制材料也是有范围限制的。不尊重学术惯例及他人的合法权益可能导致受到严厉的处罚。

剽窃和版权是两个相关的主题，它们在学术上和法律上都非常重要，但经常被人们误解。近年来，数字扫描仪、复印机和电子文件等科技成果的出现，使得材料复制变得愈发简单，也意味着在不知不觉中就犯了剽窃罪。抄袭和版权问题非常重要，你需要充分了解这其中所涉及的问题，适当地尊重知识产权，避免丑闻或进一步的纪律处分。

什么是剽窃

剽窃可以定义为：“不做任何说明地把另一个人的成果当成自己的来使用。”故意剽窃与其他形式的学术不端，在高等院校都被列为非常严重的过失。校规中通常都会根据事情的严重程度来制定一系列处罚，从只是扣分，到开出学籍或拒绝授予学位的最高处罚。你可以从所在的系或学校的手册中找到确切的处罚规则。

因此，剽窃是我们必须避免的，而且我们可以假设没有人会故意以这种方式作弊，但很可能会在不知不觉中剽窃。关于这种“无意间剽窃”，需要注意以下几点：

- 在上述剽窃定义中，“成果”这一概念包括想法、著述或发明，而不仅仅是词句；
- 定义中“使用”的概念不仅意味着“逐字逐句”（完全照抄），还意味着“实质内容”（所涉概念的释义）；
- 使用他人的作品是可以接受的，但是必须注明来源。

上述要点中的前两点指出了人们面对的潜在风险，而第三点提供了补救措施。为了避免无意间剽窃的风险，可以采纳以下建议：如果你认为某位作者对某个内容的阐述特别好，请直接引用这些话，并提供引用内容所在的文章或书籍信息。

请注意，学术写作的惯例是使用引号（有时是斜体）来清楚地标明引述。标明来源或引述的格式，都是本书第 14 章将描述的几种标准格式之一。

确保避免剽窃的方法

一旦你确定了想在文章中使用的源材料，就需要确定与此材料有关的引文在文章中所起到的作用。例如，你需要问自己，希望引用的文字是支持某个观点，还是驳斥它，抑或中立。在某些情况下，你需要决定如何将源材料中的观点融汇到你自己的文字中。基本上有三种选择：（1）引用；（2）概括；（3）释义。这些使用原材料方法的特征将在表 13–1 中展示。

无论你选择采用哪种方法，在你预期采用的引语格式及注释风格中，都需要涵盖以下信息：（1）作者；（2）日期；（3）标题；（4）出版地；（5）出版社；（6）页码。比较好的办法是在选取信息源之初就留意这些细节，否则随后再回去寻找，将可能会浪费时间。

表 13–1　　引用、概括和释义的典型特征

方法	特征
引用	● 短引语包含在文字中 ● 长引语在某些文体格式中需要缩进段落；在其他文体格式中可能需要换成斜体并同时缩进段落 ● 标点符号用双引号
概括	● 概述，简要说明原文的要点 ● 详细程度低于释义 ● 用自己的语言表达的想法 ● 可以保留术语，但除此之外的想法会以不同的句子结构和词汇来表达
释义	● 从原文中提炼的广泛主题 ● 比概括更详细 ● 用自己的语言表达的想法 ● 可以保留术语，但除此之外的想法会以不同的句子结构和词汇来表达

如何释义

1. 阅读内容以理解整体意思；使用快速阅读法，首先阅读主题句，或许有助于获得总体理解。
2. 翻阅内容，记下关键想法。
3. 重新精读内容，以获得更多细节。
4. 翻阅内容，凭记忆记下支持关键想法的要点。这样做会促使你使用自己的语言，减少对文本中词句的依赖。
5. 记下你打算如何在自己的文章中使用这些想法。
6. 记录参考书目的详细信息。

在做释义时，要从源材料的结论入手，然后沿着这个思路去组织想法，而不是遵循原文的逻辑顺序。这样做有时会帮助你降低陷入给原文换词或是过度引用的风险。

多少引用是可以接受的

即使提供了所有源信息，太多的引用也会被视为抄袭。引用内容占全文比例 10% 视为绝对上限。在许多情况下，这一比例将远低于这一阈值。

概括和释义的实例

表 13–2 展示了概括和释义技巧方面的好的和差强人意的例子。以概括或释义的方式引用他人的成果时，需要避免仅仅是替换单词，这是抄袭。你需要证明自己对材料进行了批判性分析，并通过让材料很好地为你的文章中的问题探讨服务的方式来证明这一点。在表 13–2 所示的好的例子中，作者对原文中的想法进行了处理，并以全新的方式展示出来，从而表明了对原文内容含义的理解，因此构成了独立思考。

什么是侵犯版权

版权法“允许你保护原创资料，阻止他人在未经你许可的情况下，使用你的成果”。侵犯版权被视为等同于盗窃，有资源发起诉讼的公司保护起合法权利来有时是很严格的。

在英国，作者对他们的作品拥有终生著作版权，而且过世后还继续拥有 70 年的版权。出版商拥有 25 年的印刷版权。这就是版权符号 © 通常附有日期和所有者姓名的原因。这部分信息可以在书籍开头的出版物详细信息页面上找到。

表 13–2　　概括和释义的实例

原文

电子书是互联网时代的产物，可以为广大受众提供原本无法获得的材料。著作的全球化意味着每个作者都可以在不产生过高出版成本的前提下，为更广泛的受众展示他们的作品。这一产物对传统图书出版商构成了相当大的威胁。
资料来源：Watt, W.（2006 年）《书的消亡》（*The Demise of the book*）。邓迪：河畔出版社（第 13 页）

概括

差的概括	说明	好的概括
作者认为，电子书是**互联网时代的产物，著作的全球化**让作者不需要产生**过高出版成本**，就能**向更广泛的受众展示他们的作品。**	此例中，直接引用部分（以粗体显示）占总字数的 60%——引用过度，遂可视为一种剽窃。同时作者也未给出引语来源	伴随电子书的出现，个体作者有了出版自己作品的新方法（Watt，2006）

释义

差的例子	说明	好的例子
电子书是互联网时代的一部分，让来自全球各地的人都能使用。这意味着作者在互联网上呈现他们的作品，而不承受那么高的出版成本。这一特征意味着老派图书的出版商正受到威胁（Watt，2006）	此例中，简单地使用同义词（标以下划线）是另一种形式的抄袭。作者虽然正确引用了消息来源，却未进行任何分析或原创思考，而简单“窃取”了原文的本质含义	Watt（2006）指出，印刷版书籍出版商担心电子书的出现会造成他们失去对著作市场的垄断，因为作者可以直接在互联网上发表作品，从而避免出版成本

版权符号的使用

符号 © 表示有人在提示你注意某些内容受版权保护的事实。然而，即使没有 © 出现，该内容仍可能受到版权保护。

如果你复制（例如复印、数码扫描或打印）其他人拥有版权的材料，你将面临违法的风险，除非你得到他们的明确许可，或者你复制的篇幅在“合理使用”的范围内。

出版商有时允许进行**以非商业性质私人学习或研究为目的**的“教育性复制”（他们会在材料上说明这一点，并且可能允许制作多份副本）。若非如此，出于**私人学习或研究**目的复制单一副本时，你应该只复制属于“合理使用”范畴的内容；而对于“合理使用”范畴本身，法律中并没有明确的定义。

常规做法是你只能复制不超过他人著述的 5%，或者：

- 一本书的一章；
- 每一期学术期刊中的一篇文章；
- 一本薄书的 20%（最多 20 页）；
- 一本选集中的一首诗歌或一篇短篇小说（最多 10 页）；
- 尺寸不超过一页 A4 纸的一张单独的插图或地图（注意：作为文章和章节一部分的插图可能包含在上述授权中）；
- 音乐作品的简短片段——不是整个作品或乐章（注意：未经授权不得复制任何形式的公开演出）。

这些限制适用于单个副本——你不能对上述任何项目复制多个副本，也不能将单个副本转给并不了解版权事宜的其他人。

在法律方面，你为内容来源付费与否都无关紧要：未经许可复制整个或实质性内容已构成版权侵权——此处的“实质性内容”可以是定性的重要部分，即便它是整体内容中很小的一部分。

除非作者做出明确（即书面）许可，否则同样的规则也适用于在打印或复制网上材料。这也适用于复制网上图片以及文字内容，尽管有些网站确实提供无版权的图片。作者关于内容复制的立场声明会出现在主页或直接与之链接的页面上。

版权法的复杂性

请注意，本章内容是对一套复杂法律体系中的一些基础方面所做出的概括总结，具体问题具体分析。

如何避免剽窃

◎ **避免通过电子方式复制材料。**引用内容来源时，务必添加适当的引用信息，否则这将被视为剽窃。

◎ **记笔记时，请记下内容来源。**如果无法回想起或找到一段引用文字的来源，你将面临冒剽窃风险。在记笔记的同一张纸上仔细记录下内容来源，可以避免这一风险。从文字和其他材料中逐字记笔记时，务必始终使用引号（“……”），说明你写下的是原文内容的**直接抄录**，以防你随后可能会忘记。即使没有在自己最终的著述中直接引用某材料，但如果你的释义使用该材料的话，仍然需要引用来源。

◎ **释义尽量不要过于贴近另一个人的说法。**节录关键用语然后予以重新排列，或仅仅用同义词替换部分单词，都被视为剽窃。

◎ **遵循引用来源的学术传统。**即使你更喜欢使用自己的措辞，而不是直接复制原文，你也应该这样做。引述来源表示你所做的陈述是根据所引用参考文献的想法而来的。

◎ **避免过度使用引语。**如果你的文章有很大一部分是由引语组成的，那也仍然会构成剽窃。总的来说，引语要谨慎使用。

◎ **仔细求证你的“原创”想法。**如果你认为自己有了一个新颖的想法，不要简单地认定你的脑波是独一无二的。人们忘记一个想法的原始来源是很常见的，部分信息可能多年后在不同的场景下重新出现在人们的脑海中——这可能发生在你身上。仔细回想你可能忘记的想法来源；问别人（比如你的助教或导师）他们之前是否见过这个想法；并查阅相关文献、百科全书或互联网。

GO 现在就开始行动吧……

- **仔细查阅你们系（或大学）里的剽窃政策。**这应该能就你可能违反规则的具体情况做出说明，还可能就引用来源的首选方法提供有用信息。
- **下次去图书馆时，请阅读复印机旁张贴的复印规则文件。**这将提供当前立法和任何本地规则方面的详细信息。
- **改进记笔记技巧。**将直接转录的内容做出标识和放进引号中。每当你从教科书或参考文章中做笔记时，都要完整写下内容来源的详细信息。

第 14 章

引用和列出参考文献：如何恰当地参考他人的成果

在学术写作中，你必须参考相关文献来支持你对他人想法和发现的讨论。常用格式有几种，你需要采用哪一种取决于你所在学科的惯例。本章将介绍四种较常见的格式，向你展示如何在文本中引用材料，以及如何在参考文献列表或参考书目表中给出资料来源信息。

撰写任何类型的学术论文时，你都必须想到给出自己从深入阅读中获得的、与该主题相关的信息和想法的来源。你必须为读者提供可以用来找到这些参考材料的足够来源信息。这要在你的写作中参考（引用）这部分信息的位置上注明，然后再在脚注、尾注或文章结尾处单独的引用列表中提供完整详细的信息。格式各有不同（见表 14–1），但你所在学科的首选格式会在你的课程手册中有所规定，或者由你的老师或论文导师做出推荐。但是，你必须能够识别其他格式，以便解读你在阅读材料中碰到的类似信息。

定义

引述——为了支持你的文章中的一个论点而使用某位作者提出的想法，你要用**自己的语言**来表达。本章将介绍引述的规则。

引语——使用从你需要的材料中摘得的词句。这些话应该忠于原作。

参考书目——在你的文章结尾处列出的你为论文准备时所查阅的所有源材料清单。你无须在文章中直接引用所有这些来源。有时会使用“参考书目”或“引用作品”来代替“参考文献列表”。

参考文献列表——你在论文中提到的所有书籍、期刊、网络和在线资料。此列表通常位于文章结尾处。

二次引用——没有原文时，你将阅读材料中对原文的引述拿来作为参考。

为什么要引用信息来源

学术惯例要求你提供这一信息，以便你做到以下几点。

- 承认使用了其他人的成果——你必须清楚地说明你在哪里借鉴了别人的文字或想法；即使你是为了提出异议才引用了某位作者的作品，你也已经在使用此人的知识产权，并且必须表明你认识到了这一点（第 13 章中有关于知识产权和剽窃问题的更多探讨）。
- 帮助读者了解你的论点 / 讨论是如何组建的，以及是什么影响了你的思维——这将有助于读者针对你的文章形成意见。
- 帮助读者 / 评分者评估你的阅读范围。这可以帮助他们评估你的工作，并为你提供更深入或更广泛的阅读建议。
- 为读者提供足够的信息，如果他们愿意，那么他们能够自行查阅源材料。

在许多情况下，如果不提供参考文献列表，你就会丢分。而且这也必须在你所在领域的首选格式范围内。

你所在领域通常会指定引用格式。如果没有任何指导意见，则由你自己定夺。本章“不同的引用风格”展示了所有学术写作形式中所使用的四种常见引用格式之最显著特征、优点及缺点，适用于所有形式的写作——从短文到论文。

在你的文章中使用信息

从本质上讲，在你的文章中介绍他人作品的方法有两种——精确到字地**引用**某个来源的内容，或**引述**，即以自己的语言概括或释义这个想法。两种情况下，你都需要选定一种的引用格式来说明材料来源。

> 一个少数群体中可识别的文化价值观创造了所谓的“隐形喧嚣”（Henze，1990），因为它们与主流文化价值观形成冲突。

图 14–1　如何以正文形式展示短引语

正文中的引用

有两种可能性。如果引用内容短，则把确切的用词放在双引号中，置于句子当中，详见图 14–1。如果引用的内容较长，通常为 30 个字词或更多，则不使用引号。这时作为引语的文字要通过缩进来显示，其中几行引文在正文中呈缩进和单倍行间距格式（见图 14–2）。如果你有意省略原文中的一些词，就用省略号来表示。

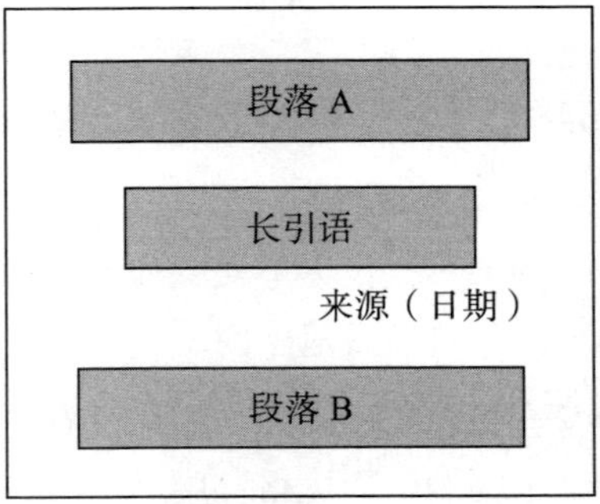

图 14–2　轮廓图形式说明如何呈现长引语

脚注和尾注

在一些学科中，脚注和尾注（通常使用上标数字）引导读者获取来源信息。但是，在其他学科中，脚注和尾注仅用于提供有关文章内容的其他信息、评论或讨论点。脚注通常出现在页面底部；尾注以数字顺序排列在正文末尾。

如何在正文中引述他人

你基本上可以采取两种方法来做到这一点：信息突出法和作者突出法。这取决于你选择的引用风格。例如，遵循哈佛引用方法的广泛原则概述如下。

- 信息突出法。在这里，陈述中的内容被认为是研究领域里普遍接受的。例如：

  儿童从小就对书籍和图片表现出兴趣（Murphy，1995）。

- 作者突出法。在这里，作者和出版日期构成了句子结构的一部分。这种模式可以与适当的报告性词汇一起使用（参见提示框）以反映观点。例如：

  墨菲（Murphy，1995）称年仅六个月的孩子就能够跟上简单的叙事次序。

有时你无法获取信息、引语或观点的原始来源，但会读到其他提供该信息的内容来源。这可能是因为原著已经绝版或其他原因无法使用。在这种情况下，引用的内容是你阅读到的文字。这种二次引用，有时被称为二次引语，历来被积极劝阻或禁止。然而，由于网上文献更容易获得，且图书馆收藏的印刷文献的减少，二次引用的需求变得越来越普遍，因此大家对此的态度也变得越来越宽松。

二次引用格式举例

这些例子使用“XX 引述”的措辞方法，但在内容被引用时，也同样可以使用“XX 引用”的说法。请注意，如下所示，二次引用可以通过释义复述和直接引用的两种方式进行。

信息突出类二次引用示例：

最强烈的批评之一是，对于许多人来说，网上阅读是一项痛苦的活动（Owen，2007 年，Peel 引用，2009）。

作者突出类二次引用示例：

Owen（2007 年，由 Peel 引用，2009 年）认为“对网上阅读最强烈的批评之一是，对于许多人来说，这是一项痛苦的活动”。

不同的引用风格

随着技术和偏好的改变，引用和参考文献列表的风格也在不断演变。因此，有些人遵循不同的惯例，例如，使用人名 / 日期、人名 / 页面、数字符号来引用源资料中的内容。这些不同的方法表现为对应的参考文献列表和参考书目的布局有所不同。

引用风格是由学科及其相关期刊决定的，因此产生的修改也为原始风格带来了很多变种。其他风格，如美国心理学会（American Psychological Association，APA）和英国现代人文研究协会（Modern Humanities Research Association，MHRA）用于文学和语言的规定，是极为规范的。它们各自的风格指南在包括字体、页面布局、拼写、主动语态优先于被动语态的使用等各个方面都做了具体规定。

在英文文献引用中，最常见的引用风格有：（1）哈佛引用格式；（2）美国现代语言协会引用格式；（3）温哥华引用风格；（4）芝加哥引用格式。具体介绍如下。

1. 哈佛引用格式。这种引用格式具有比其他格式更简单、更快速并且可能更容易调节的优点。它在国际上的各个领域得到了广泛应用，在正文中提供作者和日期信息。请注意，该风格存在各种解释版本，本例基本上遵循的是 BS5605:1990 版本。

2. 美国现代语言协会引用风格。这种引用格式在文中提供作者和页码信息，但不包括日期，仅包括页码。参考内容在“被引述的作品”（现代语言协会术语“参考文献列表”）中按作者姓氏字母顺序排列。

3. 温哥华（数字排序）引用风格。这种风格在诸如医学和生命科学中使用广泛。在文中，数字放在括号中，就像这样：（1）。这些数字与参考列表中相应编号的参考内容相对应。这种风格的优点是引用内容不会打断正文。然而，这也意味着读者不能在不看参考列表的情况下获知参考内容来源。温哥华风格在某些方面与电气和电子工程师协会（IEEE）所采用的风格相近。

4. 芝加哥（科学）引用风格。这种注脚式的引用风格使读者能够在引用的第一页上看到完整的书目信息，但后来对同一来源的引用并不会给出同等细节。如果由于某种原因注脚中不能给出完整的书目信息，则会在作品末尾给出完整的参考书目。《芝加哥引用风格手册》（*Chicago Manual of Style*）规定正文、笔记和参考书目都必须始终保持双行间距。

这些引用风格相关的规则不断变化，通常是为了跟上新的电子信息形式的涌现（例如近年来出现的博客和推文）。举例来说，引用网站已经从使用 URL 转向使用 DOI。DOI，即统一资源定位符，是字母数字组合，且对每个文档而言都是唯一的，即使网站或数据库“宕机”时也可以访问。

如何引用及参考文献列表

◎ **养成记录所有书目细节的习惯。**无论你如何记笔记——无论以电子方式还是复印或手写——都要确保你记下所有必要的书目信息，否则在之后再查找时就会浪费时间。

◎ **阅读过程中随时编纂参考文献列表。**保留已阅读的内容清单。在用电脑软件制作一张表格，然后在引用内容时立即输入相关的详细信息。这样做可以避免在完成任务时再马拉松式地打字（表格也使信息更容易格式化，更容易插入其他信息）。需要尽早确定使用哪种引用格式。

◎ **不要混用引用格式。**无论你使用哪种格式，请确保遵循其惯例，包括所有标点符号等详细信息。

◎ **引用来源。**如果你之后会引用而记下某个引语，请确保记下完整详细的参考信息。永远不要依赖你的记忆来记住参考信息细节。检查所有内容并将它们全部写下来。

◎ **检查细节。**留出足够的时间进行最终检查，尤其是布局的一致性。

GO 现在就开始行动吧……

- **找出所在学科的推荐引用格式。**这些可能因学科而异，因导师而异。阅读你的课程手册，看看其中规定了什么，以及实践中有何差别。请注意，法律、历史等学科通常使用专门的引用和参考方法。你通常会就如何遵循这些做法而得到指导。如果找不到任何明确信息，就分析一下课上给出的参考书单的格式。
- **查看你学科领域的教科书或期刊文章，以确定其引用风格与本章给出的“标准”风格有哪些偏差。**你可能会发现你的学科已对本书中概述的某种引用风格进行了修订。如果你不确定应该遵循哪些规则，请与你的导师讨论。
- **查看你学科领域的教科书或期刊文章，以确定适合采取哪种引语风格。**确定直接引用是否常见。许多学术领域很少直接引用他人所言，你需要意识到这一点。

第五部分

HOW to Improve Your Critical Thinking & Reflective Skills

用写作表达你的想法

第 15 章

完成写作任务：如何设定具体主题

任何类型的写作都可以用来展示批判性思维的能力。本章将探讨完成写作的几大基本阶段。

大学中的写作包括论文、报告、项目档案、简答短文、案例研究或研究生论文。它们为你提供了展示批判性思维技能的机会：

- 你就作业设定主题的特定方面进行研究的能力；
- 你对某个主题的知识与理解；
- 你就这个主题合成原创思想的能力；
- 你在学术写作框架下组织材料和证据的能力。

尤其是较长内容的写作，需要额外的计划，确保你能专注地完成，并按时提交最好的作品。

计划的价值

花时间解构任务和计划如何完成任务，会让你在长线范围内节省时间，因为在大多数工作中，准备工作的质量将反映在最终的结果质量上。花时间确保你将问题解构为不同的单元是非常值得的。

现实的时间规划

在了解完成写作任务的日期后，算一下从开始写作到截止日期之间的时间，然后得出你可以花在此项任务上的时间。要记得考虑你还要做的其他事情。

接下来，把可用时间进行划分，然后按照自己的希望给每个任务分配时间（见表 15–1）。规划的这些时间是自己的可用时间。这将确保你在交作业的日期前能切实完成作业，并有足够的时间进行编辑和校对等工作，以避免拖延。

表 15–1　细分大型写作任务

任务	所需时间	我计划何时做
分析任务		
初期阅读和做笔记		
计划任务答案		
补充阅读		
写初稿		
审查初稿		
编辑 / 校对终稿		
打印 / 写出终稿		
应对意外的余量时间		

解构写作任务

考虑好了任务的时间分配后，下一阶段分析作业就从批判性地思考任务开始。因此，分析要求你将指定的任务分解成若干组成部分。解构任务的一种方法是问自己以下问题：

- **指令是什么？**许多作业不是以问题形式给出的，而是围绕某个指令词而给出的一套指令。正确解读这些指令词很重要（见表 15–2）。

- **主题是什么？**这将阐明你作业中需要讨论的内容背景。
- **这个主题的侧重面是什么？**这将帮助你在大背景下聚焦在一个特定的点上。
- **这个主题有什么限制？**这将限制你的讨论范围。

下方提示框中是一个通过上述分析找到命题的例子。你可能已经下意识地做了这件事，但将这些元素写在纸上还是有价值的。首先，它可以帮你看到所面对的主题的范围和限制。其次，它可以帮你避免写出来的作业不着边际或跑题。

走完这个较快的过程后，你就可以开始为写作做规划了，规划采取什么框架最合适。

示例

写作任务：评估术后护理在整形外科患者康复中的重要性。

指令：评估

话题：术后护理

侧重面：重要性

限制 1：康复

限制 2：整形外科患者

表 15–2　**作业和考试中的指令词**

指令词	定义——你被期望做什么
说明（给予）	描述
简要说明（给予）	以简要的方式描述
由于	给出理由
分析	探究各个方面，给出一个有组织的答案
应用	把理论付诸实践

续前表

指令词	定义——你被期望做什么
评估	决定价值 / 重要性
评论	给出你的观点
（与……）比较	讨论相似之处；得出共性的结论
编纂	编制（一个名单 / 计划 / 大纲）
考虑	就一个主题描述 / 给出自己的观点
对比	讨论差别 / 得出自己的看法
评判	指出弱 / 强项，即平衡的回答
定义	给出某词汇的精准意思
显示	通过例子 / 证据展示
描述	关于过程 / 外观 / 操作 / 序列的叙述
发明	构建
讨论	给出你自己的想法，并支持你的意见或结论
评估	确定情况 / 论点的可取之处
示范	举例演示
扩展	给出更多信息
解释	给出原因——说为什么
解释如何	描述某事物如何运作
识别	查明 / 列举
说明	给出例子
指出	点出……但不具体
证明	支持……论点
列出	制作一个有组织的清单，例如事件清单
概要	描述基本因素——有限的信息
计划	思考如何组织某事物
报告	对过程、事件做交待

续前表

指令词	定义——你被期望做什么
述评	撰写报告——给出事实以及有关事实的看法
显示	用支撑证据展示
详述	给出某事物的细节
陈述	给出清楚的交代
概括	简要交代
追溯	提供事件 / 过程的简要时间顺序
解决	找到解决方案，例如某个数学题

这些单词是在研究大学考试中最常见考试指令词后，使用频率较高的词。表 15–2 中所列的定义仅为建议。你在作答时必须考虑整个问题。

通常，指令词分为四类，具体取决于你期望达到的目的：

1. 做——创造一些东西，制订计划，计算；
2. 描述——某事物是如何出现、发生或运作的；
3. 分析——看问题的各个方面；
4. 论证——看问题的各个方面，并为你的立场提供支持证据。

表 15–2 列出了一系列典型的指令词及其定义。见到这些指令词时，你应该确保自己知道预期是什么，不仅要知道定义，还要知道预期的思维过程（见表 2–1）。但是，在确定自己对指令词的理解时，请始终记住将整个问题纳入考虑。

探索话题

仔细查看指令后，重新审视题目并确定主题，以及其涉及的方面和限制。这时仔细思考是很重要的，因为学生经常误读题目，尽管他们可能提交了不错的作品，但他们的答案可能跑题。

接下来，在自由流动图表写下尽可能多的相关方面，来给主题创建个头脑风暴“地图”。重新阅读指令词，并考虑它如何适用于你的初始答案中。这看起来似乎是一种奇怪的方法，但这些直接的想法基本上就是你自己对这个主题的“看法”，可能已受到讲座的影响，但还没有受到任何后续阅读材料的影响。最重要的方面是，你已经通过自我分析你认为这个主题中重要的东西，开始锻炼你的批判性思维技能。

头脑风暴技巧

要创建有效的头脑风暴“地图”，可使用一张横向的 A4 纸。这为横向思维和创造力提供了更多空间，也为后期添加更多内容提供了空间。有关示例，请参见图 12–2。

寻找材料并选择相关内容

着手阅读规定的阅读清单之初，找到与主题相关的一般背景信息或许会对你有用。这类比较典型的材料包括讲义、幻灯片、你的课堂笔记、教科书和百科全书。

下一步是详细阅读文献。随题提供的阅读清单通常是广泛的，并提供一系列可能适合不同读者群角度的书单以供选择。书单通常包括基础文字介绍，然后是更为详细的资料来源信息。通常你并不阅读书单中的所有内容。某些学科可能只需要你查看推荐文献中的一两个；而其他学科的书单则可能很长，阅读量看起来也令人生畏。但是，如果你系统地处理此事，那不一定是这种情况。

除非老师提到了特定章节或页码，否则学生们会认为他们需要阅读整本书。情况通常并非如此。查一下老师是否已经指定需要阅读的章或页（可能在课堂上）。如果没有，请使用目录和索引来确定哪些部分与你的主题相关。一些作者经常在索引中以粗体标示关键页，这将有助于你有针对地阅读，而不是把参考书单都读一遍。

从必要的阅读和记笔记开始。你必须有针对性地、有选择地阅读。随着你从基础材料转向可能提供更详细分析的、更专业的书籍或期刊文章，你对主题的理解也会加深。比如，这可能意味着你对事件的发生、某个程序的含义或者可能解决某问题的办法等有了更清晰的概念。你找的是什么？这可以是事实、示例、引语，也可以是支持特定观点的信息，或是为你的主题分析提供观点平衡的反向论据，等等。

直接引用

不要过度依赖引用原文，这一点非常重要。首先，如果引用过度，那就是剽窃；其次，它也无法证明你理解了原文观点的重要性。

随着你对问题越来越熟悉，分析性地思考你正在阅读的内容、构建你对作业问题的答案也就越容易。继续为头脑风暴增添内容吧。

采取分析方法

知道放弃什么信息、留下什么信息，是需要严格评估的，不再是初始阅读时遵循的宽泛方法。某些问题可以帮你聚焦在对特定主题而言重要的内容上。例如：

- 谁是一系列事件中的关键角色？
- 解释特定情况的必要标准是什么？
- 支持一个特定观点的解释是什么？
- 可以识别哪些模式，例如短期、中期和长期因素？

从阅读和记笔记中，你将会发现不同的作者会提出相似或矛盾的观点。随着你开始识别不同的思想流派或对问题的不同看法，你应该开始交叉参考笔记，以便将持有相同或类似观点的作者进行分类。

新闻记者的问题是哪些

有时很难识别什么重要、什么不重要，什么相关、什么无关。在很多学科上，被广泛使用的策略就是问自己记者们常被训练提出的问题：

谁？ 谁参与了这个主题，例如人 / 组织？

什么？ 涉及的问题 / 主题是什么？

什么时候？ 考虑中的时间框架是什么？

哪里？ 它发生在哪里？

为什么？ 与此问题 / 主题相关的推理 / 背景是什么？

怎么样？ 这种情况是如何达成的？

大学写作需要超越简单地复制事实。你需要能够构建立论，并用证据来证明这一点。这意味着你需要利用已阅读的文献来支持自己的立场。在某些情况下，这取决于主题和学科，你需要适当地呈现不同的观点，评估其中一个观点，并在适当时照顾到其对立面。重要的是展示缜密且论证充分的案例，来支持你最终的观点。

考虑字数限制

字数限制不是为了减轻老师的负担，而是为了训练你简明扼要地写作，并仔细分析主题，以决定要留下和舍弃什么材料。

低于字数限制与超过字数限制一样糟糕。有些学生会在写作中不停地统计字数，一旦达到最低字数限制就会立刻停止写作。这不是个好办法，因为它很可能会因为写作戛然而止，使得文章粗糙且考虑不周，最终不能成为精心策划、切题且简洁的作品。

计划和撰写初稿时，不要过多地关注字数。在编辑初稿时再做删减和编辑，让文章变得更紧凑，确保将字数控制在指定的范围内。即使没有字数限制，也应该力争拿出一篇简明扼要、论证充分且不偏离写作要求的文章。

如何着手开始写作

◎ **从广泛的来源中选择材料。** 在大学学习的初期，许多学生依然沿用在中学使用的学习方法，经常使用单一核心教材，过分依赖讲义和笔记，甚至直接复制内容。在大学里，你需要广泛地阅读，找到推荐基础书目以外的源材料，并恰当地引用和释义参考资料。前往图书馆探寻一下与你研究领域相关的藏书区域，说不定能找到很多拓展你阅读范围及理解的材料，这对你来说很重要。

◎ **记录读过的内容。** 知道自己在某个地方读过某内容却找不到了是件令人恼火的事。养成记下页码、章节、标题、作者、出版商和出版地点的习惯是很有益的，这会使引用和提供参考文献变得更容易、更省时。

◎ **保存阅读笔记。** 为写作任务收集材料的过程中，你可能会遇到一些与当前写作任务无关的材料。宜将它们存档保留，因为这个主题以后还可能会再次出现。例如，复习考试时，此类私人资料库可能会帮助你扩充对这个主题的知识和理解。

◎ **遵守你计划的阅读时间。** 阅读是写作过程中至关重要的一部分，但必须认识到，延长阅读阶段、超出预定的阅读期限是危险的。这是一种非常常见的逃避策略，学生可能会迟迟不开始制定写作大纲，拖着不开始写文章，因为他们对写作有畏难情绪。其实，一旦开始了，正视随后的阶段、动手写作往往就没那么可怕了，所以最好坚持你的时间规划，然后依次按计划进入下一阶段。

GO 现在就开始行动吧……

- **练习给指令词分类。**重读表 15–2，标出所有那些做出回应、要求你付诸实际行动的指令词，即那些要求你去描述、分析和组织论证的词。这将帮你更好地了解自己该做什么。
- **审视某些课题中你必须完成的一些写作题目。**将整个问题或指示考虑在内，确定需要以哪种角度入手——采取实际行动、描述、分析或论证。你可能发现在同一个题目 / 任务中，你必须进行部分描述，才能进行分析或论证。尽量不要在描述环节花太多时间，而忽略了分析 / 论证。用同样的策略重温过去的考卷可能是一种有用的复习方法。
- **选择一个学科，尝试给自己设计一道考题。**考虑一下你的“问题”清晰度——是否明确？是否清楚？找出你的主题、侧重面和限制。转变学生和出题者的角色有时是一种增进理解的方式。这可能是一种很好的备考方法，因为它有助于预测问题，并促使你反思如何回答问题。

第 16 章

学术写作风格：如何采用适当的语言惯例

学术写作是一项重要技能，但学术写作所遵循的规范却基本没有全面定义。本章将帮助你了解以某种学术风格表达想法意味着什么，并将概述一些需要避免的语言形式。

你的思维可以通过多种方式进行评估，但在大学里的评估通常是基于书面作业实现的。给你作业打分的人将寻找批判性及其他形式思考的证据，但也期望你遵守特定的写作惯例。简而言之，他们希望你遵循学术写作风格。

虽然还可以更进一步区分“科学”和“人文”写作风格之间的差异，但本章涵盖了所有类型学术写作的共同特征。

什么是学术风格

学术风格就是使用精确客观的语言来表达思想。它的语法必须正确，并且比小说、报纸、非正式通信和日常对话更正规。这意味着语言清晰易懂，不能复杂、浮夸和干巴巴。最重要的是，学术风格通常是客观的，要使用非个人语气和更简洁的词汇，而不要使用个人化、口语化的语言或俗语。表 16–1 提供了鲜活示例。

表 16–1　　将“非学术风格”文字转化为学术风格文字的示例

原文（非学术风格）	修订后文字（学术风格）
在这个国家，我们修改了法律，使第一次世界大战之后国王或女王的权利下降。但如果他们愿意的话，他或她仍然可以建议、鼓励或警告首相	自第一次世界大战以来，英国立法是君主作用下降的一个因素。然而尽管如此，君主制延续了下来，因此，君主继续行使对首相建议、鼓励和警告的权利
需要修订之处	**修订点**
● 不明确措辞（这个国家） ● 人称代词（我们） ● 语法欠妥（“但”是一个连接词，不应该在句子开头使用） ● 多重含义的词汇（法律） ● 名词重复（国王或女王） ● 前后不一致且具误导性的代名词（他或她、他们） ● 非正式风格（仍然可以）	● 明确措辞（特指国家：英国） ● 非个人语言（立法） ● 适当的标志词（尽管如此） ● 通用但定义明确的术语（立法） ● 抽象术语（君主制） ● 重复主语（君主制）并重建句子 ● 更正式的风格（继续行使）

请注意，转换结果产生了稍长的文字，这更加说明了一点，即虽然应该寻求文字言简意赅，但措辞精确或许更为重要。

写作中的客观性与主观性

在学术写作中，你个人在主题上的观点不掩盖你所评论或展示内容之重要性是很重要的一点。证明自己不偏不倚的主要方法是使用非个人化语言，即：

- 避免使用人称代词——尽量不要使用以下词语：
  - 我 / 一个人；
  - 你 / 你们；
  - 我们。

- 使用被动而非主动的语态——尝试描写行动，而不是行动者（执行行动的人）。

学术界始终对使用主动和被动语态的使用存在争论。反思性写作更多使用的是主动语态，但这并不意味着永远不应该使用被动语态。例如，学生社会工作者可能会写："我认为法院判决对约翰不公平。但是，判决是由法官根据法律做出的。"第一句是主动语态，第二句是被动语态，两者在上下文中都占有一席之地。第 18 章还将进一步讨论这个问题。

被动语态与主动语态

用下面的示例解释最合适了：

这时，客户的痛苦被我观察到了。（被动语态）

客户在这时展示出了痛苦。（主动语态）

虽然有些人可能认为第一个例子更正式，但有些人可能会说第二个例子中的主动语态表达更清晰。在实践中，两者都有自己的位置，你可能需要评估使用哪一种更合适。例如，在某些学科中，谈论客户和与客户交谈时更倾向于使用主动语态；讨论理论或法律问题时，语态又会变成被动语态。

你可能会发现某些文字处理软件中的语法检查器会建议将被动语态改为主动语态。但是，如果遵循这一建议，你就会发现自己必须使用人称代词，这可能与你需要采取的非个人化学术风格不一致。如有疑问，请咨询你的导师。

你可以使用其他方法来保持写作中的非个人风格。对于一般性陈述，你可以使用诸如"它是……""有一个……"或"有一些……"等句式结构来开头。但是，不建议以"它"开启段落，因为根据定义，这个词需要指代前面的词或想法，而新的段落是开启一个新的观点。为了避免这种情况，宜将句子调整一下，将"重要的是要注意……"换成"要注意的重点是……"。

对于你已陈述的具体要点，可以根据上下文使用适当的时态，并使用“这是……”或“这些是……”以及“那是……”或“那些是……”的结构。不要忘记，当你使用“它”“这个”“这些”“那个”或“那些”之类的词时，它们所指代的词或短语不能含糊不清。

以非个人化的风格来保持客观的另一种方法是将句子中的动词改为名词，然后以非个人化的方式重构句子。

例如，

作为研究的第一步，我们收集数据。（动词结构）

可以转换为：

数据收集是该研究的第一步。（名词结构）

随着你写作经验的增加，这种文字调整会成为一种本能。

适当使用时态

动词时态表达了所述事件发生的时间（见表 17–2）。学术写作常使用过去时，用于描述或评论已经发生的事情。但是，有时使用现在时也是恰当的。例如，在报告中，你可能会在描述结果时说“图 5 显示……”，而不是“图 5 已显示……”。另一方面，报告中介绍材料和方法的部分应始终使用过去时，因为它描述了你已经做过的事情。同一份报告中需要采取反思视角时，变换时态可能也是恰当的（见表 17–1）。

使用恰当的词汇

优秀的学术作者会字斟句酌。“简明英语”运动倡议以盎格鲁–撒克逊（或口语版）词汇替代拉丁语词汇。然而对于学术写作而言，这并不总是会给学术风格和精确度加分。例如，比较：

如果我们调低（turn down）音量，就不会有反馈。

和

如果我们回绝（turn down）世界银行的动议，利率将会上升。

这两个句子都成立，但它们却在不同意义下使用了“turn down”。这类动词被专称为短语动词，通常具有多个含义。此外，它们在口语中的使用率比在正式写作中要高。因此，最好写成：

如果我们降低（reduce）音量，就不会有反馈。

和

如果我们拒绝（reject）世界银行的动议，利率将会上升。

这样可以使表达更清晰、简洁、明确。如果你的作业有字数限制，使用单字动词还有额外明显的优点。

应谨慎使用学科特有的专业词汇（“行话”），尤其要避免将一些词汇在一般会话中的含义与其在学科中的特定含义混淆起来使用。建议在第一次使用时给出此类词汇的定义。如果受众包括非专业人士时，请尽量避免使用复杂的术语，或者可以提供专业词汇表。

非性别歧视语言

欧洲理事会建议在可能的情况下避免使用性别特定语言。“她/他将为她/他的检查提供标本”看起来相当繁冗，但是通过将主语转换成复数，这是可以避免的。因此可改为，“他们将为他们的检查提供标本”。

或者，如果合适，可以使用第二人称代词。

将非学术性语言转换为学术性语言

审校书面作业草稿的一项重要工作就是审视写作风格。表 16–1 展示了从非正式风格到正式风格的一个转换示例。

掌握学科内主流学术风格的一种方法是学习教科书和期刊文章中使用的技巧。例如：

- “讨论”或“结束”性文字（无论有标题与否）几乎总会使用“对冲”性语言，来确保作者不会显露出对某个问题的绝对判断；
- 介绍材料和方法时（在科学文章中比较常见，见第 17 章）都会以极简洁的方式表达复杂的信息；
- 正文中会采用一种常见引用风格。

用语言清楚地表达想法

培养批判性思维和写作技巧时，你需要学习如何“玩”语言。这包括尝试对每个词、短语、词序、句子结构及段落顺序进行选择。这种措辞能力很重要，原因如下：

- 允许你利用语言的灵活性，尽可能清晰、准确地表达意思；
- 展示了你逻辑思维的能力；
- 确保你保持读者的注意力和兴趣。

下文提供了通过措辞改善沟通的方法示例。写作往往可以通过单词或短语顺序的重新排列、更合适的单词选择、将想法分离成独立元素来表述的方式进行改进。下列示例 A-C 展示了你可以采用的技巧。

A. 首和尾

有时你尝试移动一下句子中的元素会让句子变得更好。将句尾的短语或从句放到句首可能会更有力、更强烈地表达你的意思。例如：

A1 版本：关于多发性硬化症发病“责任披露”的实际操作是刻意留给医学界自行决定的，**因为这被看作无法在政策中定义**。

可以改成：

A2 版本：由于在政策中定义“披露责任”被认定是不可能的，因此对多重硬化症发病责任披露的实际操作被刻意留给了医学界。

这两个示例表述都正确。但是，作为作者，你可能希望强调未能定义政策的原因。在这种情况下，A2 版本会更好。但是，如果你觉得重点应该放在医学界的角色上，那么 A1 版本会更好。这既显示出在构思作品时考虑写作意图的重要性，也强调了运用逻辑对整个过程是何等重要。

B. 更好的措辞，更清晰的意思

依照定义，学术写作应该简明扼要。然而，有时在写作过程中，记录想法的需求超过了作品所需的准确性和清晰度。因此，值得审视一下自己的作品，找找可以用更恰当的措辞表达更清晰意思的地方。例如：

B1 版本：多发性硬化症发病“责任披露”的实际操作被刻意地留给医学界执业者来**做决定**，因为它被认为是不可能在政策中定义的。

可以改为：

B2 版本：多发性硬化症发病“责任披露”的实际操作被刻意地留给医学界**自行决定**，因为它被认为是不可能在政策中定义的。

B2 版本不仅比 B1 版本更清晰，而且更恰当地表达了情境的暗示空间。

C. 长句与短句

有时最好将一个过长或过于复杂的句子拆分。例如：

C1 版本：关于多发性硬化症发病“责任披露”的实际操作是由医学界自行决定的，**因为它被认为是不可能在政策中定义的。**

可能改为

C2 版本：关于多发性硬化症发病“责任披露”的实际操作是由医学界自行决定的。**达成这一决定是因为人们认为政策无法界定。**

C1 版本将原因甩在了主要子句的末尾，而 C2 版本则以单独成句的方式来强调原因。

如何进行学术风格写作

◎ **考虑受众。**根据读者决定你所采用的风格。例如，如果写信给银行经理寻求贷款，你不应使用短信或非正式语言。在学术写作中，你应该考虑到你的读者可能正在给你的文章打分，除了知识和内容外，他们还将寻找你正确理解及使用专业术语和结构的证据。

◎ **谨慎使用人称代词。**这主要指“我/我的”和“我们/我们的”。对于一般的学术写作，使用它们几乎总是不合适的，但在反思性写作中，有的情况下是可以接受的。尝试不同的语言结构，给作业找到正确的写作风格。

GO 现在就开始行动吧……

- **采取措施加强语法。**正确的语言在学术写作中至关重要。如果你觉得自己在这方面有所欠缺，请考虑购买专业语法书，并尝试将指导内容付诸实践。当老师提出语法或语言使用不当的反馈意见时，请查证并确保理解自己所犯的错误。如果有时间，你可以通过书中提供的练习来巩固理解。
- **请朋友与你一起研究写作风格。**交换一段文字，审视你朋友的写作风格，也请求他们审视你的。交换审视之后，比较你们找到的点。试着解释一下你认为可以改进的地方。通过一起讨论，你或许能够搞清楚一些之前并不知道的问题。
- **自己制作词汇表。**特别是在开始新话题时，这能帮助你学习与主题相关的缩写、首字母缩略词和术语。定义可以从教科书、讲义或网络获得。

第 17 章

一般写作结构：如何恰当地选择和塑造你的内容

一旦你汇总了写作所需的信息，并按时完成了准备工作，你就需要针对写作主题来组织写作了。本章概述了书面写作的主要框架及其结构要素。

一旦你有了应对写作题目的构思，你就需要将自己的想法放进一个有着顺畅逻辑和论证且结构合理的框架中。在这种情况下，你需要考虑三点内容：

1. 写作的标准学术格式；
2. 每种学术写作类型的典型组织结构；
3. 正文主体的结构模型选择。

标准学术格式

大多数学术写作的基本结构遵循从一般（引言）到特定（主体），再回到一般（结论）的惯例。

引言

引言由如下三部分组成：（1）简要解释主题背景；（2）你理解的主题大纲；（3）解释自己计划如何在正文中探讨主题，陈述实际意图。

这部分会列出你为文章设置的范围。尤其是在你面临严格的字数限制的情况下，全面覆盖主题的各个方面是不可能的，因此你需要解释仅涵盖某些方面的原因，并解释你为什么认为这些是最重要或最相关的。

引言的重要性

引言是读者与作为文章作者的你之间的第一次接触，这意味着引言必须组织良好且清晰。但是，要实现这一点，把引言视为“正在进行中的工作”是很重要的，因为在完成整篇文章之前，你都无法准确地介绍全部内容。实际上，有些人更喜欢先开始写主体，然后得出结论，最后再写引言。

主体

这部分会根据你选取的内容组织方法（将在下一节中进一步讨论）而展开文章内容。你已经在引言中完成了相关解释，这意味着你已经绘制出文章的要点脉络图。在本部分，作为文章分析的一部分，你可能需要创造、描述、定义或举例说明。保持这一部分内容尽可能清晰简洁很重要。

我可以使用副标题吗

在某些学科中，特别是在撰写报告时，小标题是可以接受的；而在某些学科中则不然。但是，在后一种情况下，在草稿中使用小标题可以帮助你抓准写作的重点，有助于避免跑题或内容杂乱无章。如果你将副标题“翻译”为主题句，那么这将形成与前一段内容的衔接或者对下一个主题的介绍。

结论

这部分应总结整篇文章。它应该从三个方面回顾整篇文章内容：

1. 重述问题以及你心目中的主题的重要特征；
2. 你用来支持自己观点的具体证据的摘要；
3. 你就主题所持总体观点的陈述。

区分结论与引言的一个因素是语言。在引言中，你的解释应该清楚，要尽可能避免使用行话或技术词汇。在结论中，可以使用技术术语或更复杂的语言，因为你已经在主体部分介绍了它们。你应该避免在结论中引入在前面部分尚未讨论过的新想法。

迷你结论

当你沉浸在写作过程中时，你将对材料非常熟悉，可能脑海中会出现“迷你结论”。等你得出总体结论时，这种深入的理解可能会被遗忘或稀释。为了避免这种情况，请单独记下写作过程中出现的所有想法，并在思考结论时把它们当作资源使用。

典型的组织结构

三部分结构是大多数学术写作格式的核心，但精确的写作架构会根据目的而有所不同（见表 17–1）。更正式的学术写作（如报告）会根据主题和目的的不同而包括不同的组成部分，并且不会以相同的顺序组织结构。表 17–2 提供了一些示例，但你应该严格遵守已有的指南。

表 17–1　　不同种类的写作结构设计

（a）论文	（b）文献综述	（c）一般科研报告	（d）科学实验报告	（e）非科学类报告	（f）商业报告
引言	标题页	标题页	标题页	标题页	标题页
正文主体	摘要	摘要	引言	引言	执行摘要
结论	引言	缩略语	材料和方法	正文主体	致谢

续前表

（a）论文	（b）文献综述	（c）一般科研报告	（d）科学实验报告	（e）非科学类报告	（f）商业报告
参考文献或参考书目	正文主体	引言	论述 / 结论	结论	目录
	结论	材料和方法 *		参考文献或参考书目	正文主体
	参考文献或引用文献	结果			参考文献 / 参考书目
		论述			附录
		鸣谢			词汇表
		参考文献			

* 在某些学科（如化学）中，材料和方法部分可能会在论述后出现。

通常，论文（a）和文献综述（b）的结构比较简单，主体是最大的部分并可以细分为几个部分；一般科研报告（c）侧重于材料和方法，本科实验报告（d）可能是（c）的简化版；非科学类报告（e）不会关注材料和方法，但可能会有更大的主体；典型的商业报告（f）中的结论或建议是主体的一部分，并提供快速阅读的执行摘要，还常为非专业人员提供附录和词汇表。有关每个部分的内容详情请参见表 17–2。

表 17–2　　报告的典型要素及每部分所需内容的说明

节或部分	需要的内容
缩略	文中使用的任何技术术语的缩写列表（例如，“DNA：脱氧核糖核酸”）。这些也会在正文中第一次使用时给出，例如“……脱氧核糖核酸（DNA）”
摘要	对实验目的或系列观察的简要概述；主要结果（文字形式）和结论。让别人了解你的主要发现以及你认为这些发现意味着什么。通常在最后完成

续前表

节或部分	需要的内容
致谢	给予你帮助的人员名单，有时也会简要介绍他们如何帮助了你
附录	通常包括只有专家才会想要或需要看的表格信息。可以放置调查表模板、数据或结果等这些放在文中会破坏内容连贯性的信息
参考书目 / 参考文献 / 引用文献	采取一种标准格式展示在文中引用的内容列表，按字母顺序排列
论述（或结论）	**科学报告**：评论结果和概述结论，包括以下部分或全部内容： ● 对所用方法的评论 ● 错误来源 ● 统计分析中得出的结论 ● 与其他结果或“理想”结果的比较 ● 结果意味着什么 ● 你如何改进实验 ● 如何实施研究结果（在商业报告中） ● 如果有更多的时间和资源，你接下来会朝哪个方向拓展研究 有时你可能会将结果和论述部分结合起来，以便展开叙述，例如解释为什么一个结果会导致下一个实验或方法。记住，原创想法在这一节的打分中所占比重是很大的 **非科学报告**：你要重新陈述需要解决的问题或议题，概述关键“解决方案”或答案，并提供证据，解释为什么选择这种而非其他解决方案。在一些但非全部情况下，可以适当提出建议
执行摘要	这就是商业报告中的摘要。它给出报告的关键点，通常不超过一页 A4 纸。它应该首先简要说明报告的目的，然后或许以要点形式给出主要发现或结论摘要，以及主要结论及建议的简要细节。你通常应该最后写这一部分内容

续前表

节或部分	需要的内容
实验	关于实验装置和方法的描述，类似于科学论文里的材料和方法
词汇表	读者可能不熟悉的、带定义的术语列表
引言	**科学报告**：对实验背景、实验目的和所用技术简要探讨的概述。你的目标是为读者提供导读，解释你做了什么以及这样做的理由 **非科学报告**：研究背景和问题或议题的概述，即报告的目的。这可能需要参考文献或所使用的其他材料
正文主体	这部分内容包括你对主题的评估。它应该根据报告目的系统地探讨解决方案或问题，并对所有相关事项进行分析。它可以细分为反映不同方面的部分。它还可能包括比较不同研究中不同方法或结果的表格。数字往往很少见，但可用于总结概念或说明主要发现
材料与方法	对所做的研究的描述。你应该提供足够的细节，让有能力的人得以重复这项工作
结果	对所进行的实验和获得结果的描述，通常以表格或图形形式呈现（相同的数据不要以两种形式同时出现）。你应该指出数据的意义，但无须以工作完成的顺序来呈现
目录	基本上是索引，让读者找到他们有兴趣阅读的部分。还可能包括图表目录，这更容易出现在长篇报告中
标题页	作者（们）的全名、课程标题或代码以及日期。在商业报告中，可能还包括公司标识、客户详细信息、分类等（例如“机密”） **科学报告**：描述性标题指出实验所做内容，指出任何限制，有时需要描述“重大”发现 **非科学报告**：简洁但全面定义主题的标题

报告撰写的重要方面包括：

- 说明。报告你的实验情况或总结你收集的事实；

- 可视摘要。制作图表、流程图、图表或表格，以更清楚地展示你的观点；
- 分析。探究结果或事实，并编制描述性统计或假设检验统计；
- 讨论。权衡一种观点的利弊；
- 解决方案。解释课题或问题的不同解决方案；
- 评估。决定什么重要以及为什么重要；
- 建议。确定最佳解决方案并提供证据；
- 得出结论。在你的研究和思考的基础上陈述一个立场。

主要的学术写作类型如下。

论文

通常，论文遵循以上概述的简单三部分结构［见表 17–1（a）］，主体通常采取表 17–3 中所示的方法之一。你可能需要在最后添加一系列参考文献。

文献综述

文献综述遵循表 17–1（b）中所示的相对简单格式，通常主体庞大。在科学文献综述中，通常是按时间顺序说明研究领域的发展，引用主要作者及其观点和发现。要考虑的两个重要方面是引用参考文献和展示引语。第 10 章讨论了寻找适当文献的内容。

科学报告

科学报告的典型格式见表 17–1（c）和（d）。它的格式通常与每个学科领域的主要期刊中的文章格式一致。你应该记住的是：

1. 任何阅读你的报告的人都应该能够快速理解你的发现，并且应该能够在预期的地方找到相关信息；
2. 考虑到对结果所有可能的解释，你的文本应该是客观和平衡的；
3. 应包括适当的统计分析；
4. 你应该提供足够的信息，让其他有能力的科学家能重复你的工作。

非科学类主题报告

撰写报告在非科学领域里的地位越来越重要。例如，案例研究、项目或小组解决问题实践的结果可能都需要以报告的形式呈现。表17–1（e）展示了代表性的报告结构。架构这些报告正文主体的方法是遵循 SPSER 模型（见下方文字框），它提供了一个基本框架，但你可能希望通过调整标题和副标题，来适应你所探讨的主题或问题。

采用分析法——SPSER 模型

这一批判性思维辅助工具可以帮助你“解构”或“拆解”主题，它涉及如下的四个（或五个）元素：

- 情况（Situation）——描述背景和简要历史；
- 问题（Problem）——描述或定义问题；
- 解决方案（Solution）——描述和解释可能的解决方案；
- 评估（Evaluation）——提供支持你所持观点的证据 / 理由，以识别每个解决方案的正面和负面特征；
- 建议（Recommendation）——确定你心目中的最佳选择，并提供依据。这一环节是可选项，因为它并不总是作业的硬性要求。

这一模型对于撰写论文、报告、专题文章和案例分析特别有用。在你无法识别主题或趋势时，它也是一种有用的分析模式。

商业报告

商业报告的主要目的是提供有助于决策的信息。这些报告在风格和形式上有很大差异，需要考虑的主要因素是你的受众。表 17–1（f）展示了一种可能的格式。例如，针对投资者或银行经理的商业计划可能很简短，并且侧重于在图表和表格中给出财务预测；而对商业部门的学术分析则可能篇幅相对长并很正式，而且会引用许多参考资料和观点。

正文主体的结构模型选择

想选择一个结构模型，请回想产生“最初想法”的头脑风暴阶段。这些想法现在应该得到了进一步拓展，因为你已经从阅读和思考中获得了更多要点。考虑是否出现任何关于主题或重复的问题，用荧光笔给所有相关项目进行“颜色编码”可能会有所帮助。然后，你需要重新考虑作业题目，来帮助自己构建写作策略，当然，这要在描述、分析或论证的基础上进行。

随时管理参考资料

在大多数学科中，你应该引用自己研究领域内公认的权威内容。在法律上，它可能是案例；在艺术和人文学科中，它可能是某著名学者的作品；在自然科学方面，它可能是关于新发现或新方法的报告。最好将阅读的相关参考信息即时存档，否则最后可能会留下大量的收尾工作。采用你所在学科或学习任务所需的引文和参考格式。

通过思考自己的文章采用表 17–3 中的哪种经典结构模型或方法，可能会让你对如何构建论文正文，展开逻辑讨论有些眉目。

表 17–3　　正文主体的结构模型

模型和大纲	论述和例子
按时间顺序排列 过程或顺序的描述	每个段落或部分可能涉及特定的日期或时间段。例如概述欧洲联盟的发展历程。这种文章很可能完全是描述性的

续前表

模型和大纲	论述和例子
分级排列 对象或想法的分类	材料按照相关的属性被组织成适应主题的逻辑结构。例如探讨“运输模式”，可以将内容分为陆地、海上和空中运输的方式来讨论，这些还可以进一步细分为商业、军事和个人运输。这种分类在某种程度上是主观的，但为进行比较提供了一个框架。它经常应用于理科
共同点 确定共同的特征或主题	在适用于所有情况的标题下考虑不同的例子。诠释这种方法的一个示例可以是回答这个命题：说明发展中国家婴儿死亡率高的原因。这意味着要考虑到每个国家都缺乏的东西，因此可以在这些标题下探讨： 1. 缺乏初级卫生保健 2. 缺乏健康教育 3. 识字率低
分析 深入研究一个主题	问题被“拆解”成组件，然后重建。可以用 SPSER 方法来组织想法（参见提示框）。例如，主题是评估身份盗窃问题的潜在解决方案，可能的写作计划如下： 1. 定义身份盗窃，也许举个例子 2. 解释为什么很难控制身份盗窃 3. 概述识别盗窃的法律和实际解决方案 4. 权衡各个解决方案的利弊 5. 说明你喜欢哪个（些）解决方案以及理由
分阶段 识别主题的短 / 中 / 长期（时间）方面	按时间顺序考虑。例如，讨论缺水对沿河动植物群的影响，短期影响可能是河床干涸，一年生植物无法繁殖；中期影响可能包括损害含氧植物的生命以及减少野生动物数量；长期因素可能包括影响地下水位和减少某些两栖物种的数量。请注意，适合此种处理方法的主题并不总是通过询问事件“结果”或后果的方式出现。例如，这种方法还可以用来回答类似这样的问题：“请解释为什么缺水会对沿河生物造成有害影响。”

续前表

模型和大纲	论述和例子
专题 评论命题中每个方面的主题	这与分阶段方法类似，但在这种情况下，要从一系列主题中考虑命题。具体细节取决于问题的性质。“运输模式”的例子可能涉及首先考虑乘客里程效率，然后考虑燃料和污染问题
比较 / 对比 比较和对比项目（通常在一个或多个主题内）	这是专题方法的衍生方法，通常用于提炼出项目（例如选项或示例）之间的比较和 / 或对比。可以在以下方法中二选一 方法一：介绍命题，然后分别讨论每个项目，按顺序关注选定的方面，然后得出比较双方各自优缺点的结论 方法二：介绍命题，然后按顺序讨论选定的方面，在每个阶段都逐项对事项或实例进行比较，然后得出结论 每种方法都各有优缺点，且与任务的内容和背景有关。例如，在考试中，使用方法一可能会有风险，也可能会因为时间不足而无法完成第二项的讨论

确定采用这些模型中的一种后，你应该可以规划自己的学术写作了，并可以让文章既有逻辑性，又能符合作业主题的要求。请注意，有时可能需要一个模型套一个模型地使用。例如，在共同点法（the common denominator approach）中，讨论事件的年表可能是有用的。一旦决定了以什么方法完成自己的学术写作，那么你就可以去布局正文主体，然后构建引言和结论，给交上去的作品“穿靴戴帽”。

当你完成初稿时，最好再回顾一下你的大纲，不仅要检查你是否漏忘了某些要点，还要确保你已经在文章中体现了你的批判性思维。通过这种方式，你还可以确保在文中实现了规划的各部分内容之间的衔接。

如何在标准框架内组织写作

◎ **在写作中保持正确比例。**确保写作框架中的三要素在内容范围上保持平衡。主体应该是写作中最重要的部分，而引言和结论应该占用更少的篇幅。一个常见的错误是花费大量时间来概述引言中的背景，只留下很少的空间来处理写作任务的核心部分和结论（通常发生在考试的时间压力下）。

◎ **把充分的注意力放在结论上。**通常，当你写到结论部分时，通常都会由于时间限制而多少有些赶进度。因此，它可能无法得到与其所占分数比例相匹配的重视。试着从早期阶段就考虑你会得出的结论——这可能会给你所做的研究和写作内容塑形。但是，如果证据指向另一个方向，请确保自己保持开放的态度看待它。在写作暂停的阶段，留出些时间给自己的结论做个批判性评价。

◎ **完成初稿后，请审视你的引言。**确保自己了解了对写作范围的定义以及对意图的阐述。在某些情况下，写作过程中可能会有新想法或不同的重点，你的初步意图可能发生相应的改变。

◎ **无情地拒绝无关的信息。**你必须尽可能保持报告言简意赅，特别是当你花了很长时间获取信息或进行分析时，你可能会本能地想把这部分内容写进文章里。千万别！相关性必须是你的唯一标准，因为它是评估批判性思考能力的指标。

◎ **考虑你的写作风格。**详细的报告可能长而难懂。尽量保持句子相对简单、段落简短。报告中可以使用副标题和项目符号来拆分文字。所有这些手段都可以使内容更加易读易懂。

GO 现在就开始行动吧……

- **选取正确的组织结构。**这可能会在你的课程手册中有所介绍，也可以从你认为结构良好的示例中获取。如果你选择的结构与表 17–2 中的不同，那就最好以类似的方式将预期内容规划到各个环节。尝试从你获得的任何示例中学习其写作风格和内容。

- **比较文本模式。**查看基础教科书中的一章，分析作者所采用的结构方法。辨识作者分配给用于“场景设置”的描述性内容部分，以及用于分析 / 论证 / 评估性内容的比例，基本上这就表明了这类主题上使用的一般方法。
- **练习认真考虑组织结构。**查看论文题目或者你必须完成的报告，或是查看过去的试卷，尝试确定本章中提供的哪种方法最适合用来完成每项任务。

第 18 章

反思性写作：如何构建和报告你的想法

用专业的语言把个人的想法用写作表达出来是一项不容易掌握的技能，而记录反思则可能用到各种框架和系统。本章将介绍这些主要格式，概述完成相关学术练习时你所需要做的事，并探讨反思过程中与不同要素相关的写作风格。

反思是一种可以在学术研究之外采取的行为，但作为课程要求的一部分时，你就必须记录你的想法和感受，并且这些写作内容还很可能会面临评估。如果你觉得这是学习要求苛刻的一方面，那你并不孤单。许多人都发现将反思变成文字很难，可能的原因是：

- 他们之前可能没有这方面的写作经验；
- 他们可能不完全明白需要写什么；
- 他们可能不完全明白如何写；
- 可能难以用语言表达自己的感受；
- 他们可能担心别人不会理解或重视他们的观点；
- 他们可能不希望将自己临时或私人的想法“记录在案”。

深入了解反思的基本原理和背景，有助于克服其中的部分困难。实践并从老师的反馈中学习也有助于树立信心。本章将针对主要类型的反思写作提供语言和内容要求方面的指导。

反思性写作的关键方面

反思性写作与其他形式学术写作之间的主要区别在于：

- 写作风格强调个人、而不是超然的；
- 反思性写作是思维过程的一部分，而不是该过程的结果；
- 主题限制较少：尽管反思报告是有目的的，但大部分内容取决于作者而不是老师给出的标题；
- 反思报告的内部结构可以在特定标题下列出，可以不同于论文的“引言 / 主体 / 结论”基本结构，以及科学或商业报告的公开结构；
- 反思报告可以使用特定的在线媒介，而不一定是常规的打印形式。

反思性写作中的一个常见错误是，总是选择“安全”选项，只描述事件和感受，而不提供解释或评价。之所以出现这种情况，是因为人们采用了有时被称为“反身”的方法，强调“我”和“我的感受”，而不是客观地解释“我对我所观察到的情况或我所参与的情境的看法”。

一般反思报告的语言风格

大多数学术写作指南强调使用精确客观的语言。反思性写作需要主观语言，因为它主要是**你个人**的感受和观点。

客观和主观写作

客观写作是基于对事实的平衡考虑，而主观写作则是基于一个人的意见。因此，客观写作避免使用第一人称（例如“已经显示出……”），而主观写作需要使用第一个人称（例如“我认为这是正确的……”）。

此外，当反思性写作作为报告的一部分呈现时，你需要在文中不同的部分更改称谓。例如，这些写作可能需要你客观、正式地描述活动本身，然后再以描述个人对事件感受所需的非正式风格对活动进行反思和对比。

表 18–1 提供了反思性写作中每个部分所要求的写作风格指南（如果不确定其中的某些术语，请参阅表 17–1）。该表遵循在第 3 章中概述的反思过程的六个阶段，但在考虑这些指南时，你应该同时留心报告的预期结构——报告结构可能使用不同的标题，或者可能结合或省略某些元素。

表 18–1　　一般性反思报告组成要素中预期出现的语言

组成部分及预期内容类型	风格示例
描述	
在这部分中，你需要对该插曲进行准确且相关的描述，以便为你的反思、分析和行动设定背景。准确性至关重要，因为错误的事件认知可能导致后期阶段的错误，而相关性对于确保你以后的想法能契合练习的目的是至关重要的（这在评估你的反思时尤其重要）	这里所需的语言显然是描述性的，通常涉及在被动语态中使用过去时态： 该患者之前曾被诊断出患有 xxx 综合征，并且已经接受了 xxx 剂量的 yyy 药物治疗 有时以第三人称： 有人指出，被告很紧张 使用适当的（即准确、详细和相关的）形容词和副词很重要： 患者的症状包括左眼下的玫瑰疹，她隔一会儿就会挠几下 在某些情况下，使用主动语态和第一人称可能是适当的，如： 为了与客户建立融洽关系，我首先问了一个问题，以便跟他聊聊他来办公室路上的情况……

续前表

组成部分及预期内容类型	风格示例
感受	
本部分中，你将需要找到正确的语言来描述与插曲相关的个人反应、观点、情感和感受。你所报告的感受应该是与实践相关的感受。坦率在这里至关重要，因为掩盖你的真实感受会扭曲结果并降低练习价值。你的感受陈述可能与你的评分密切相关。注意不要使用惯用语（口语）或陈词滥调。	这里使用的语言必然是个性化的，需要使用第一人称。现在时和过去时的动词都是合适的： ● 我认为会议的第一部分进展顺利，因为…… ● 我忘了让客户知道她在我喜欢的选项之外还有数个其他选择。我承认这是个错误，并且…… ● 回顾这一课，我会改变我对破坏课堂秩序的学生 B 的部分方法 ● 我的演讲在开始时磕磕绊绊（我很紧张），但是一旦适应了节奏，我就开始享受这一切。最令人欣慰的是问答部分……
评估	
这部分将要求你查看插曲的两面性。在衡量中保持公正，给出公允的评估是很重要的。这时候，你应该尽情说出你认为做得好的事情，以及你认为还可以改进的事情，不要消极。你可以选择展示此信息的方式。你可以： 1. 分别介绍每个元素并讨论其正面和负面影响 2. 将与你反思相关的所有积极和消极方面集合在一起 在大多数情况下，第一个选项会更好（假设你没得到其他指示），因为读者将能够分别关注讨论的不同元素	你可能需要用第一人称和过去时来描述你的想法。例如： 当客户说他不喜欢我最初设计的任何图纸时，我非常失望，不知道如何反应。但我很快恢复了镇静，并请他陈述为什么它们没有达到他的期望。在讨论中，他并不理解设计的某些特征是由（a）建筑法规和（b）建筑物朝向决定的。我觉得我很好地驾驭了这部分讨论，结果我们开始讨论后续设计的更多选项

续前表

组成部分及预期内容类型	风格示例
分析	
本部分中，你将被要求将插曲之前、期间和之后的事件与“理论”（例如，行为模型）相联系，并引用相关理论的参考资料。这样你就可以向老师证明自己理解了主题文献，并能将其应用于现实。老师可能已经在练习的准备阶段给了你反思任务的理论背景，访问图书馆或相关网站进行一些背景阅读将是有益的。	在讨论文献时，你需要使用引用和参考的正常学术惯例，例如，使用第三人称和过去时： 我们团队中只有四名成员，因此最初很难看出如何落实需要九名队员参与的贝尔宾练习（2006）。在我看来，每个人都要在联系中承担多个角色，并且随着项目的进展我们也转换角色。毫无疑问，安妮是…… 本文引用的贝尔宾网站标准细节将出现在报告末尾的“参考文献”或“引用文献”部分中（格式见第 14 章，并遵循相应的学科惯例） 特别是在需要大量引用的情况下，本节的学术风格可能涉及相当枯燥和学术性的写作，这可能突然与前面的反思和评价部分形成鲜明对比。为了避免这种情况，请尝试参考报告之前部分的一些来源，特别是介绍练习目标的描述部分
结论	
结论总结练习的目的和 / 或背景以及你认为重要的事件和结果。它应该总结最重要的反思、评估和分析要点，或许以你反思的要点结束	语言将继续以标准的学术风格为准，尽管你不必担心用第一人称来反映你的反思。对比： 总之，罗布森（2005）的理论在本练习中得到了验证，主要是因为 与 可以得出结论，罗布森（2005）理论在本练习中得以验证，主要是因为

续前表

组成部分及预期内容类型	风格示例
行动计划	
没有这一部分，反思行动就可能没有目标，你将无法从经验中获益。为了制订有效的行动计划，你的目标应该具体、可衡量、可实现、相关且及时（即“SMART”）。它们要清楚地表明你打算如何回应这一插曲，以及你对它的看法	如果你有计划，可以用现在时来描述： 我的计划是进行更多的背景阅读，以便 但在许多情况下，用未来时态表达也是适当的： 我将调查已发表的案例研究，以了解更多关于

如果你仍然不确定要写什么，表 18–2 提供了一些提示问题。在考虑反思部分时，使用这些问题一边启发你对自身感受的思考，一边构建自由式思维导图，这可能会有所帮助。这一阶段记录下来的想法可能会转移到像表 18–3 这样的网络，以便为随后的评估环节组织想法。

表 18–2　激发自己有效反思的一些问题

反思的各方面	提示问题
描述	• 我眼前呈现情况的细节是什么 • 我的角色是什么 • 发生了什么 • 我观察到的“关键事件”是什么 • 我做了什么，其他人做了什么 • 结果或后果是什么
感受	• 我个人感觉如何 • 我发现这个插曲中意外 / 有趣 / 鼓舞人心 / 令人气馁 / 令人困惑 / 有价值的是什么，为什么 • 为什么会以我采取的方式回应 • 我觉得自己的行为合适吗

续前表

反思的各方面	提示问题
	• 我的期望是否已经得到满足，如果没有，是哪些方面还未能得到满足 • 别人会怎样回应同一插曲，为什么
评估	• 这个插曲中什么是积极的，什么是消极的 • 这一插曲揭示哪些个人优点和缺点 • 我学到了什么 • 这一插曲改变了我的思维方式吗
分析	• 我如何解释发生了的事情 • 什么理论或研究与眼前情况相关，如何相关 • 这与其他相关经历有何关系 • 我在自己的角色上还能如何改进 • 还可以采取哪些替代行动，这些行动的预测结果是什么 • 还可以有哪些其他方法改进人们对这一插曲（或其他结果）的感受 • 更广泛的背景（例如道德、管理、行政、社会、地点 / 环境）是如何适用于这种情况的
结论	• 我从这次经历中学到了什么 • 我将来可以怎么回应
行动计划	• 我现在做什么 • 我的优先事项是什么 • 我什么时候能完成这些活动 • 我将如何知道我有所改善

表 18–3　　反思练习中用于记录感觉和评估的简单表格示例

感受	评估	
	积极方面	消极方面
我对客户的情况表示同情	这可能会激励我进一步帮助他们	这可能会使我对案件有所看法，让我不公平地偏向他们

续前表

感受	评估	
	积极方面	消极方面
我认为会议进展顺利	我照顾到了我想要照顾的所有方面	会议有点超时，让我在接下来的约会中迟到了
……	……	……

假设你被要求反思培训中遭遇的某个“插曲”。显然，上下文在这里非常重要，因此，表中提供的示例并不总能转移套用到任何情况。它们只是提供了你可以使用的合适书写形式。

并非反思过程中的每个子元素都已经在写作题目中给出了。此外，作为自我评估的一部分，你不需要回答所有问题，提出这些问题主要用于帮助你集中思考和回应。在某些情况下，提示可能同样适用于其他方面——这可能取决于写作任务的准确细节和提供的说明。始终使用后者作为你的第一参考点。

你在为思考初步想法而创建思维导图后，可以使用此表格。

找出联系

反思性写作应该显示你能够在一个情境的各个方面之间找到联系，并将它们与“大局”联系起来。使用思维导图或表格来创建概览，可能会有所帮助。

专业反思任务的写作方法

上述原则可适用于含有反思内容的大多数任务，特别是在需要提交结构性报告的任务中。表 18–4 中的附加要点涵盖了第 3 章中首次介绍的专业反思任务所需的写作媒介和预期写作方法。

表 18–4 专业反思任务的写作媒介和方法

任务及格式	预期写作方法
学习日记	
通常会直接写在笔记本上或使用文字处理器	对于每则日记，你通常应该包括以下信息： 1. 日期和体验描述 2. 反思发生了什么以及你学到了什么 3. 你打算如何跟进的细节 没有必要冗长，也不需要完美的文本。相反，重点是开发你的专业技能
博客	
通常你在一个博客平台写博客，平台提供呈现相关信息的功能。不需要特定的网络编程技能	反思内容的数量和类型应根据博客的类型进行调整（见第 3 章）。使用文字处理器起草内文可能是个好主意，这样你就可以进行拼写检查并打印出来进行编辑。应充分利用媒体、图像、视频和其他网站的链接。其实，这些可能都是重要的反思材料的来源。几乎所有的博客都以反向日期顺序呈现，最新的条目在最上边。这可能导致读者难以跟踪理解你的反思。添加对早期发布材料的适当交叉引用可能有帮助，这样可以让读者理清反思的发展顺序
写生簿	
笔记本和绘图板仍然是受人欢迎的写生簿，原因显然是它们有助于提高绘图技巧。尽管如此，不少人更喜欢以电子方式存储资料	写生簿中的书面注释可能与材料的来源（日期、地点、提醒）或反思（感受、想法、联系）有关。条目序列将允许你记录设计想法从何而来。在某些情况下，记录书目信息可能很重要，因为这可以帮助你记录自己受到的影响，以及将自己的原创作品与其他作品区分开来。如果使用在线写生簿，你可能需要学习扫描、图像处理和视频捕获等相关技能

续前表

任务及格式	预期写作方法
档案袋 / 电子档案袋	
电子档案袋通常托管在专门的程序或虚拟学习环境中（例如 Blackboard® 或 PebblePad®）。这些系统通过不言自明的菜单驱动，通常可在线访问	电子档案袋中的反思元素可能是课程特定的，并在课程手册和 / 或任务说明中定义。与博客一样，在文字处理器中撰写草稿可能比较方便，因此你可以使用特殊的编辑功能，例如可能未包含在电子档案袋程序中的拼写检查和字数统计功能。但是请注意，文档的某些功能可能无法复制，例如文本格式或表格
个人发展计划	
在许多情况下，个人发展计划是在一种特殊形式的电子档案袋中整理出来的，这种电子档案袋可能需要几年的时间来建立，而不是一个学期	个人发展计划可能很短小精悍、言简意赅。它可以被视为记忆辅助和个人笔记本。个人简历，如果是个人发展计划的一部分的话，应被视为一项特别主题，你应该向学校的职业服务中心寻求建议

在线格式的一个优点是方便你插入网站和文件链接，以及附加图片。通过网络链接引用的材料通常没有版权问题，尽管你应该遵循通常的引用规则，以记录准确的来源。你应该注意不要插入太多链接，因为这可能会分散读者对你自身信息的注意力，并且可能被认为抄袭（类似于在一篇文章中包含太多的引用，见第 13 章）。尤其注意不要使用版权图片或其他材料，特别是你的博客对所有人开放的话，因为这是非法的。

反思性写作

◎ **确保你有足够解释自身想法和印象的词汇。**如果你选择的某个单词似乎并不能传递准确的意思，请使用同义词典来搜索替代词。

◎ **如果无法顺利进行，试着问自己问题。**表 18–2 提供了可激发自己反思的问题列表。

◎ **重新阅读你的文字以检查连贯性。**因为写作风格在不同的反思阶段会发生变化，很容易显得杂乱无章。这意味着你应该额外花时间来审查材料。请朋友或家人评论他们是否理解你的所有要点。

GO 现在就开始行动吧……

- **确保你理解对你的要求。**重新审视学习成果，并标记与你当前的反思练习相关的标准。这些标准可在课程手册中找到，它们将帮助你了解练习的目的以及预期的结构、内容和写作风格。除非另有定义，否则可以通过针对不同反思性写作阶段的字数要求，来衡量投入每个阶段的努力程度。
- **在网上搜索类似的反思性写作格式。**如果你对于要使用的内容和写作风格感到不确定，那么查看其他人的方法可能会有所帮助。但是，你不应该试图密切追随另一个人的文字：（a）这相当于抄袭；（b）它会消除整个反思的要点，即个人化。
- **尽早熟悉自己将用于记录反思的软件。**如果要使用的系统类型对你来说是陌生的，那么当你准备写下自身感受时，技术因素可能阻碍或分散你的注意力。构建临时的“胡言乱语”条目以测试功能，可能是个不错的主意。

第19章

编辑和展示作品：如何审核作品并遵循学术风格惯例

如果你想要创造高质量的作品，那么批判性地审视自己的作品是至关重要的。编辑和校对是改善书面作品的机会。此外，认真对待书面作品的呈现形式，因为这会影响整体得分。

写作过程从计划开始，以审核和展示你的作品结束。审核阶段包括重新阅读你的文章，并以一种批判的、超然的方式思考你所撰写的内容，然后进行适当的编辑和校对。加强展示不仅仅涉及可视化元素的布局和使用；它需要准确性、一致性和对细节的关注。你在这里投入的精力将提高你的作品质量，从而提高你的成绩。

你需要时间来准确地完成这些任务。理想状态下，你应该在完成写作和开始审核之前留出一段时间，因为这样可以让你“远离”自己的作品，帮助你像新读者那样看待它。对于长篇课内论文之类的作业而言，这可能意味着要争取至少在交作业的截止日期前一天就完成了“内容”。

定义

审核意味着批判性地评价；也就是说，检查任务或项目，以确保它满足任务的要求和目标。

编辑意味着修改和纠正文章的后期草稿，以形成最终版本。通常，这涉及较小而不是较大的细节，例如标点符号、拼写、语法和布局等。

校对意味着检查打印文本中是否存在任何错误。

审核、编辑和校对过程

在这个阶段，你会对自己的文章扮演编辑角色。这意味着要仔细查看你的文字内容、相关性和意义，以及布局、语法、标点符号和拼写中的缺陷。你还应该检查一致性，例如术语的使用、拼写以及字体和字号等展示特征，段落布局以及表格或图表的标识。

显然，你需要照顾到很多方面，并且在整个过程中可能存在一定程度的重叠。有些人喜欢一次性浏览他们的文章，随时修改所有类型的错误；其他人则采取分阶段的方法，分几次阅读他们的文章，每次审核不同的方面。你可以考虑三阶段模型，这让你分三次“扫描”你的文章，依次查看：（1）内容和相关性；（2）语法正确性；（3）展示方式。

表 19–1 给出了以这种方式修改文本时可以采用的一些策略。

虽然编辑过程看起来很乏味，但是内容、结构和演示加在一起会让你得分，而你为了增加“得分”所做的任何努力都会对你有利。从长远来看，学习如何正确地编辑自己的文章将有助于你培养批判性分析的技能，还将对你未来的职业生涯大有裨益。

审核 / 编辑 / 校对过程可以在一次“扫描”中完成。随着经验累积，你将变得越来越擅长。但是，最初阶段，分次单独“扫描”文章，每次关注三个方面中的一个，或许更有帮助。

表 19–1　编辑策略

内容和相关性；清晰度、风格和连贯性	语法正确性、拼写和标点符号	展示
● 大声朗读正文——你的耳朵能够帮助发现眼睛可能错过的错误 ● 重新检查任务或问题。检查你的解读是否与原题一致 ● 在打印文本中使用校对符号来改正错误 ● 确认你在文章引言部分列出的目标都已经实现 ● 客观地阅读并评估文章是否有意义 ● 寻找论证中不一致之处 ● 检查所有事实是否正确 ● 插入额外或被忽视的证据来加强整体力度 ● 删除任何不相关内容或更改内容，以使其清晰明确。将篇幅缩减 10% ~ 25% 可大大提高文章质量 ● 评估材料以确保你充分披露来源，即检查是否涉嫌抄袭 ● 修改任何对于学术语境而言过于随意的表达方式 ● 消除性别歧视或其他歧视性语言	● 检查标题和副标题是否适合作品的风格，并使用粗体或下划线（非同时）突出 ● 考虑不同部分是否很好地联系在一起——如果没有，引入标志词来为读者导读 ● 检查句子和段落结构的流畅程度——根据需要进行修改 ● 检查句子长度。有时候短句比长句更有效 ● 确保你的拼写符合惯例 ● 拼写错误和排版错误——使用拼写检查工具，但如果你有疑问，请使用标准词典 ● 检查烦琐的句子——拆分或重组句子；考虑主动或被动语态的使用是否合适。考虑使用能将你的观点表达得更有说服力的词汇 ● 检查“绝对”词语的使用，以确保客观性	● 检查是否充分留白区域，即文字排版没有过密，并且整齐清晰 ● 进行文字处理时，请检查你是否遵循了标准文字输入惯例（见下页）。遵循你所在院系的“特有风格” ● 检查参考文献列表，是否始终遵循公认的方法，且正文中的所有引文都与参考列表中的条目匹配，反之亦然 ● 确保所有页面都已编号，并已装订成册。如果适用，请确保附上封面 ● 检查你的姓名、学号和课程编号。可将此信息作为注脚添加到每页的页脚位置 ● 确保包括问题编号和标题 ● 检查图表、图例和其他可视化材料的标示是否有序并始终如一 ● 确保附录、脚注、尾注或词汇表等支持材料是否有序

展示你的作品

你的学术作品的大部分得分都来自内容，但总是有些分数是直接或间接地留给内容展示的，因此最终的“制作”阶段可能会影响你的整体评分。通过关注这些“美容”细节，你可以相对容易地提高得分。

总体布局将取决于你的学术写作类型。像一般论文这样的作业可以有一个相对简单的结构：封页、主要论文正文和参考文献列表。实验室报告可能更复杂，有封页、摘要、介绍和材料及方法、结果、讨论、结论和参考文献。大多数类型的作业布局也会因学科而略有不同。在你动手完成作业之前，应该通过查阅课程手册或其他规定等仔细研究。

内容展示所涉及的其他重要方面还包括正文的组织，以及包含图形、表格、数字和引用等元素的常规使用，其中关键方面在下文进行讨论。

下文是演示的关键方面。仅提供一般建议，谨记始终要参考课程手册中的详细指南。

封页

封页很重要，因为它会给人留下良好的第一印象。如果没有详细说明，请包含以下相关的内容：

- 你的姓名及学号（如果是“匿名打分”，则仅需要你的学号）；
- 课程名称及 / 或代码；
- 作业题目；
- 教职人员的姓名；
- 字数；
- 保持简单：封面设计花哨不会给你加分。

正文

大多数学生作业都是用文字处理软件写作。这使得起草和编辑更容易。考虑以下方面。

- **字体。**正文主要采用宋体字，当然，字体选择通常依据个人喜好做出，更容易指定的是字号（pt）。一般四号或五号的字号更便于阅读。避免使用复杂的字体，因为它们往往不会帮助读者理解你的内容。出于同样的原因，你应该限制使用强调形式。
- **页边距。**惯例是左边距为 4 厘米，右边距为 2.5 厘米。这样可以确保在使用左侧装订时依然不影响阅读，并为老师评注留出空间。
- **行间距。**行间距至少 1.5 至 2 行的正文更容易阅读。这也为老师留下了评注空间。一个例外是你希望使用长引语时，它们应该呈缩进排列，并使用单行间距和楷体。
- **段落。**清楚而一致地列出这些段落。有些人更喜欢缩进的方法，其中段落从左边缘起缩进两个字符开始；其他人更喜欢不缩进的段落样式，即所有段落都从左边缘开始。段落之间的空间应大致相当于空行。
- **副标题。**在某些学科中使用副标题是可以接受的，甚至是有利的；而在其他学科，这些“指示词”是不受鼓励的。如果你不确定，最好咨询老师或查阅课程手册。通常副标题以粗体显示。
- **“空白”。**这是设计的一个重要方面。为了避免使文字看起来过于密集：
  - 在段落之间留出空间；
  - 只在页面左侧对齐；
  - 在图、表格和其他可视化材料周围留出空间；
  - 在标题、副标题和文字之间留下合理的空间。

引用和参考

引用和参考的方式已在第 14 章中做过介绍。参考通常在文章尾部单独的部分中列出，尽管在某些写作风格中，它们也可能在引用内容的当前页被列于页面底部。

你必须保持引用格式一致，不同的学科还可能有严格的特定惯例。如有疑问，请查阅课程手册或请教老师。

引语

引语不长时，可以将引号整合到文本中，但引语较长时，会用“特殊”类型段落的形式来处理。

- 短引语放在双引号中。引语中套引语则使用双引号加单引号的形式。
- 长引语通常是30个或更多词语或两行以上的文字。它们从左边距缩进两个字符空格。除非你引用的文字中有引号，否则这种引文是不需要引号的。

在这两种情况下，出版来源和日期都在引语后提供。某些学科，例如英国文学或法律学科中，对引语的引用及提供参考信息方式都有非常具体的规则。在这种情况下，请查阅课程手册或请教老师。

公式

短的公式或方程式可以包含在正文中，但最好还是放在单独且开头缩进的一行里，如：

$$\frac{a}{x} + \frac{4\beta}{x} / \frac{\eta^2}{x}\frac{\pi}{x} = 0 \qquad \text{（公式 1.1）}$$

如果文中包含大量公式，可以将它们编号，以便交叉引用，如上所示。

正文中引用数字

采用以下规则：

- 在常规写作中，从1到10用中文数字表示，而11及以上则直接使用数字。
- 遇到4 200 000这样的数字，你也可以选择写“420万”。
- 总是用数字表示日期、时间、货币或技术细节（“5安培保险丝”）。
- 总是用文字写出句子开头的数字、非限定额数字（“数百名士兵”）或分数（“八分之七”）。

图例

一系列可视化材料都可以涵盖在“图例”（简称“图”）一词项下，

包括图形、简图、图表、草图、图片和照片（有时也称为插图）。使用图例有相当严格的规则：

- 所有图例均应在正文中提及。有使用“标准”，例如“图 4 显示……”或“……一次治疗的结果高于另一次的结果（见图 2）”，你可以参考文献中或你所在学科领域中的做法；
- 按照文中提到的顺序对图例进行编号。如果你要在正文中提到图例（通常对读者来说更方便），那么它们应该在第一次提及之后尽快出现在正文中。
- 尽量将图例放在页面的顶部或底部，而不是夹在大块文字之间。这看起来更整洁，使文章更容易阅读。
- 每个图例都应该有解释，通常包括图例编号、标题和一些说明文字（通常都是所用符号和排列格式的关键提示）。惯例解释出现在图例下方。你的目标应该是使每个图例都自成一体：对主题领域有了解的读者应该能够明白图例所显示的意义，而不必参考其他材料。

办公软件允许你把电子表格程序生成的图形插入到文本中。

表格

用于总结大量信息，尤其在读者可能对细节感兴趣的地方。表格最常用于数字数据，但对定性信息（见表 17–1）或混合数据也特别有用。表由列（垂直）和行（水平）组成。通过类比数字，惯例是行标题上是可控变量，并将测量变量或多个测量变量放在列标题中。如果相关的话，请不要忘记列出所列数据的单位。将例外和其他信息放在表格的脚注里是很常见的做法。在正文中介绍和解释表格内容的规则与图例引用规则非常相似。

如何审核、编辑和校对

◎ **大声朗读你的作品。**这是久经考验的技巧，可确保你所写的内容真正合理。你的耳朵能够发现你的眼睛在无声阅读中可能错过的错误，这将帮助你纠正语法和拼写错误以及标点符号遗漏。

◎ **在打印稿上工作。**阅读打印在纸上的文章，这是阅卷者可能看到的格式，能帮你更容易识别错别字、错误和前后不一致之处。纸质版本也更容易注释（尽管文字处理器有“插入注释”或“修订”功能）。打印稿还能让你纵览全文，更集中看到文字“流动”的方式，并更清楚地看到一些缺陷。

◎ **经常检查相关性和一致性。**始终确保你按照命题本身来写作和解读，而没有“编造”另一个。无论你写的是什么，老师都将根据原始作业的要求，而不是由你创作的作品来评判。确保你的介绍、示例和结论相互补充，互不矛盾。

◎ **遵守字数限制 / 目标。**记住，字数太少可能和太多一样糟糕。关键是，你的作品对读者而言必须清楚，有时这意味着要给出更长的解释；有时意味着要简化你所写的内容。

◎ **采用标准文字处理布局惯例。**以下指南将确保文章整齐、间隔良好：

- 段落开始处缩进两个字符；
- 双行或 1.5 行间距；
- 段落之间有一个标准的行间距；
- 文本左对齐；
- 外语书籍、期刊及论文的标题用斜体字母；
- 标题的字体大小与正文相同，但加粗。

GO 现在就开始行动吧……

- **反思过去提交的内容。**查看你已提交的作业，并使用表 19–1 中的指南进行反思。专注看两页，使用荧光笔标记出所有缺陷、不一致或错误。看看这些错误的总体影响，反思它们可能在多大程度上让你丢了分；然后考虑如何为下次编辑校对阶段留出更多时间。

- **练习缩写一段文字。**这是改进文章的公认方法之一，但你必须牢记已设定的字数目标。寻找文章中无关的点、啰唆的词句、重复和过多的例子：如果你可以将长度减少 10% ~ 25%，那么你会发现你将交出一篇更紧凑、更容易阅读的文章。
- **采用文献中的图形和表格样式。**如果你对图表的准确风格或排列有疑问，且在课程手册中也没有做出说明，请遵循你所在学科领域里文献或期刊文章中显示的模型。不要接受电子表格和其他电脑程序自动给出的图形，这些并不总是常规的样式。例如，微软 Excel 的图表默认格式中包括灰色背景和水平网格线，这两者通常都不在学术情境下使用。改变图表的格式并不难，但是，你应该从手册或程序自带的帮助工具中学习如何做到这一点。

第六部分

HOW to Improve Your Critical Thinking & Reflective Skills

前瞻思维

第20章

利用反馈发展你的思考技巧

当你收到返还给你的作业和考试试卷时，你会发现其中通常有打分者给出的评注。认真思考这些评注是必不可少的。工作人员不仅仅会指出语法和拼写上的小错，而且也会指出你思维中或者表达方式上的缺陷。本章概述一些常见的评注，并描述如何以正确的方式对反馈做出反应，从而进一步发展你的思考技巧。

在大学中有两种主要类型的评价：形成性评价和终结性评价。在形成性评价中所获得的分数对于你在学习单元结束时的分数几乎没有影响，但是却让你明确了课程的评价标准。形成性评价往往是一张反馈单或者写在试卷上的评论。终结性评价对你的最终分数有直接贡献，终结性评价包括诸如期末/学期结束考试、项目报告或论文提交。

反馈的类型

你从任何类型的评价里将获得的最简单的指标是分数；如果得分是良好，你知道自己已经达到了所期待的标准；如果得分是差，你知道自己应该尝试改进。

如果你对于打分系统或者在每个打分层级上的标准不确定的话，你可以查阅你的课程或者学院手册，上面或许会提供打分或评价标准及其说明。

老师可能在你的试卷和其他作业上提供书面反馈。通常的形式是在你的作业或试卷上写下书面评论，并给出总结，说明为什么你的作业得到了这个分数。有时候反馈会单独提供，以便其他打分者不受影响。

获得非正式的（初步的）反馈

你的同学或者家人可以通读你的作业并发表评论，从而带给你帮助。尽管他们可能缺乏学科的知识，但是他们能够评论写作的清晰度或者论证的逻辑性。

你表现得怎样

当然，这个问题的答案取决于你的目标和预期，也取决于你对学位及其重要性的理解。即使是在学习的早期阶段，也值得把分数与标准学位等级联系起来。某些职业以及高级学位机会仅仅对那些有较高资质的人开放，你应该尝试理解，它将在你的研究领域和可能的职业目标中如何发挥作用。

要常常阅读你的反馈

在你获得的反馈中的评论应当会为你后续努力提供建设性指导，并旨在帮助你发展学术写作的架构和风格，并鼓励你对题目进行更深入的理解。当学生们忽略了一些要点时，尤其是有关展示或架构的要点时，那么他们可能在后来提交的作业中遭受严重的惩罚。

一些反馈可能是口头的和非正式的，例如，一位论文导师评价你在一个项目上的进展或者关于你在一次辅导课中的贡献的评论。如果你不确定自己的作业为何得到了那样的分数，或者为什么给你某种特别的评论，你可以与评分者会面去了解。通常他们会乐意提供进一步的解释。不过，不要纠结你的得分，而是礼貌地指出你的一部分作业似乎没有得分，或者部分打分是错误的。

反馈评论的例子及其含义

不同的老师运用不同的术语来表达类似的意思，而且，因为快速书写，所以他们的评论过于潦草，可能难以理解。这意味着，你可能需要帮助才能破解这些评论的含义。表 20–1 展示了一些常见的反馈评论，并说明了你应该做出怎样的反应，以便在未来获得更好的分数。如果在阅读表格之后依然不明白某种具体的评论或者打分，你可能需要找评分者寻求解释。

表 20–1　　常见的反馈评论以及如何做出反应

评论的类型和典型例子	含义和潜在的矫正措施
关于内容	
相关性 ● 相关性 ● 重要性 ● 例子的价值 ● 结果	某个例子引述可能不恰当，或者你可能没有解释其相关性。你应思考你的叙述或者论证的逻辑，以及何处不匹配，或者你能否进一步解释；选择更适当的例子或者引述
细节 ● 请给出更多信息 ● 例子 ● 细节 / 闲扯 / 铺垫太多	期待你用更多的细节来充实你的答案或者用一个例子来说明你的观点；或者，相反，你可能是提供了太多的信息。可能你的作业缺乏实质内容，你需要补充分析而不是描述的内容
具体的事实评论或者对你的方法的评论 ● 你本来可以把……包括在内 ● ……怎么样 ● 你为什么没有…	取决于场景，但是需要补充什么内容应当是显而易见的

续前表

评论的类型和典型例子	含义和潜在的矫正措施
表达认可 ● 良好 ● 优秀 ● √（可以重复）	你的回答是正确的或者选择了一个好的例子。继续保持
表达不认可 ● 差 ● 缺乏说服力 ● 不 ● ×（可能重复）	有时候显而易见，但是可能并不清晰。意味着你的例子、逻辑等可能需要改进
关于架构	
逻辑或论据的错误 ● 逻辑呢 ● 不合逻辑的推论	你的论证或者逻辑是错误的。这可能需要在你处理该题目的方法上进行彻底的改变
未能清晰地介绍题目 ● 你这是要做什么 ● 含糊不清	你对任务的理解是什么？什么参数限制你的反应？你打算如何处理该题目
未能构建有逻辑的讨论 ● 讨论失衡了 ● 在讨论利弊方面不足	当你必须以任何方式进行比较或者对比时，此时最重要的是全面讨论与主题相关的每个元素
未能清晰地得出结论 ● 那又如何 ● 结论是什么	你必须留下“关键信息”，总结你的作品的最显要特征，并且这部分应当包括新材料。这样做是要展示你进行批判性思维的能力并定义关键的侧重面
严重依赖引述 ● 小心过度引用 ● 引述太多	如果你在文中包括太多来自文本的直接引用，你面临涉嫌剽窃的危险。你必须证明你能够综合来自参考文献的信息，作为你理解的证据。然而，在像英语文学或者法学这样的学科，引用可能是写作的一个关键特征。在这种情况下是允许引用的，前提是引用得到了批判性评论的支撑

续前表

评论的类型和典型例子	含义和潜在的矫正措施
移动文本的位置 ● 循环和箭头	建议改变文本的顺序，通常是为了增强流畅性或逻辑性
关于展示	
小的校对错误	需要进行（小的）改正
引文 ● 参考资料（必需） ● 引用呢 ● 遗漏参考文献列表	你没有通过参考原始来源来支撑证据、论证或引用。在学术著作中这是重要的，如果你没有做到，这可能被视为剽窃。如果你忽略附上参考文献表，这将使你失分，因为这意味着这是一篇完全没有信息来源的作品，也就是说，你没有进行过专业阅读
工整程度 ● 难以辨认 ● 凌乱 ● 无法阅读	你的笔迹、数字符号或者图表可能难以辨认。要花功夫工整地书写，或者在允许的情况下使用文字处理软件
未遵循建议的格式 ● 请遵循学科报告模板 ● 规则	如果系里或者学院规定了提交报告的模板，你必须遵循。这样做有很好的理由，例如你需要了解遵循专业惯例，尤其是在理科中；你必须遵守，否则可能丢分

把反馈运用到考试

查看针对书面作业给出的评论和建议，并确定你可以如何有建设性地运用这些反馈，在考试中给出答案。例如，如果认为结构是一个弱点，那么你要练习快速制订计划，以便你的答案变得简洁且重点突出。

如何应对反馈

◎ **在心理上准备好从老师的观点中学习。**刚开始，你可能觉得反馈是有失公允的、严苛的或者误解了你对这个问题采取的方法，于是你自然而然的反应可能是对于许多评论不理不睬。然而，你应当认识到，导师们对于有关题目的理解或许比你深刻得多，你得承认，如果你想要在一门学科中表现好，你需要从学术的角度更好地理解什么是好答案。

◎ **思考你得到的反馈与你的思考技巧之间的关系。**有关你的作业所显示的思考过程是否与老师们的期待不匹配？查询第2章，尤其是表2-3，弄清楚对你的期待可能是什么，并再度查看课程的评分标准。如果你仍然不理解为什么你的得分低，那么向老师寻求解释。

◎ **始终确保你理解反馈。**如果你无法读懂评论或者不理解为什么有这些评论，要与同学或者所涉及的老师协商。

◎ **对反馈做出回应。**把常见的或者重复的错误记录下来，即使是在一般的写作题目中也是如此，以便在以后的作业中能避免这些错误。

现在就开始行动吧……

- **核实你所在院系的评分标准。**正如上文所解释的那样，这些能帮助你诠释反馈并理解如何达到目标。
- **确定对于你频繁收到的反馈评论做些什么。**例如，老师们总是评论你的拼写或语法吗？他们总是说你应当运用更多的例子吗？他们总是要求更多的引用吗？如果是这样，请查阅本书中的相关章节，看看你能否做出适当的调整。
- **学习批评自己作品的草稿。**这等于自己给自己反馈，这也是一种必不可少的学术技能。给自己的作品草稿加注释——这是对其进行精炼的重要方式，会改进其质量。第19章讨论了审核书面作品的步骤。

第21章

为就业做准备：如何将你的思维技巧应用到职业中

不论什么学科，你的学位学习的一项重要成果是发展良好的思维技巧。雇主们对于这些思维技巧趋之若鹜，但是要迈出职业生涯的第一步，你需要在求职的过程中展示你在这方面和其他领域中的能力。

带着大学的经验继续前进并实现你的职业雄心，既是富有挑战性的，也是令人兴奋的。你需要评估自己的就业能力。你需要思考那些使得你从人群中脱颖而出的能力、特质、动机和价值观。换言之，你首先需要了解自己，然后才能期望雇主确信你是他们理想的求职人选。

关于思考技能，这要求你充分理解上述内容，能够运用适当的语言总结它们，并能够提供在你的研究和课外活动中应用的例子。这些都是“毕业素养”至关重要的组成部分，也是未来雇主可能在具有学历资格的求职者身上寻找的品质。

i

定义

就业能力：指的是学科知识、学科专用的、通用的以及职业管理技能的结合；以及有助于一个人获得合适的工作并在职业生涯有高效表现的个人品质、价值观和动机。

毕业素养：权威人士不认同这个词语，甚至质疑将它定义为超越“拥有大学学历”是否有价值。这个概念当然超越了拥有可转移技能，并可能涉及拥有与学科相关的知识、管理任务和解决问题的能力；能够与他人良好地沟通、共事；以及拥有自我意识。

职业规划

职业规划涉及：

- 清晰地思考你的长期目标和志向；
- 寻找适合你的个性和条件的职业；
- 研究你的选择，并从中找出最好的机会。

这意味着在这件事上你需要运用你的批判性思维技巧，理想状况是在大学的职业指导机构的指导下进行。

在早期阶段，探索可能的职业路线将使你更好地理解你应当考虑的选择范围。这也将有助于你做决定，例如选课，参加课外活动和相关的假期工作，成功地申请合适的工作。现在就业竞争非常激烈，不论你的专业有良好的就业传统，还是有很强的专业性，这一点都很重要。

利用大学就业指导机构所提供的专业知识和设施

大学就业指导机构中的顾问们能够运用如下的资源帮助你：

- 有关就业的专业知识；
- 对职业选项和就业岗位进行研究的设施；
- 有关招聘者举办的招聘会和职业发展论坛的信息；
- 假期就业和实习的“求职市场”信息；
- 进行个性测试的机会；
- 关于个人简历撰写和面试技巧的培训。

与就业有关的技能和个人品质

当雇主们招聘大学毕业生时，他们往往会假设求职者具有将自己与非毕业生区分开来的价值。雇主们主要考虑的是这项工作需要完成以及委派最适合的求职者来完成这一任务。你的学位和成绩单证明了你的学术能力——但是，对于面对着大量类似求职者的雇主们来说，他们更感兴趣的不是你的学历，而是你的工作技能和个人品质。

为了识别毕业生的这些个人特征，你面对的第一个挑战是坦率地审视自己是谁，你的专长是什么以及你拥有什么品质。

人们往往混淆技能和品质，它们之间的分界可能并不严格。

- **技能是那些你能做的事情**——技能有时候被称为能力（competences）。你往往可以从头开始学习技能，随着经验的增加，你的技能得以提高。表 21–1 提供了有关技能的列表，旨在帮助你在这个领域进行自我评估，也将帮助你突出批判性思维技能。

表 21–1　**毕业生技能列表，强调了与批判性思维有关的技能**

技能	思维元素	个人表现
分析问题和任务	★★★★★	
以某种外语沟通	★★	
在会议中做贡献	★★★★	
创造性思维	★★★★	
批判性思维	★★★★★	
处理数据	★★★★	
设计实验或调查	★★★	
讨论和辩论	★★★★★	
创业技能	★★★	
财务管理	★★★	
信息分析	★★★★	

续前表

技能	思维元素	个人表现
信息素养（图书馆技能）	★★★★	
信息和计算机技能	★★	
信息检索	★★★	
实验室技能	★★	
倾听他人	★★	
解决问题的逻辑方法	★★★★★	
谈判技能	★★★	
记笔记	★★	
计算能力	★★★	
在评估下的表现	★	
在压力下的表现	★	
规划你的工作	★★★★	
准备海报	★★★	
项目管理	★★★★	
为学术目的阅读	★★★	
反思——自我意识和自我拷问	★★★★	
报告写作	★★★	
社交技能	★	
公开演讲	★★	
学习和复习技能	★★★	
团队合作	★★★★	
毕业论文或学位论文写作	★★★★★	
时间管理	★★★	
以标准的格式写作	★★★★	
写作——组织和呈现	★★★	

续前表

技能	思维元素	个人表现
写作——对英文的运用	★★	
撰写信件、备忘录和电子邮件	★★	
其他（详细列举）		

注：运用五星体系对“思维元素”进行了分类（★★★★★＝高投入，★＝低投入），但是这只是大致归纳。在第1列中四星和五星技能也被加粗。请在“个人表现”这一列中评估你的相关技能。

- **个人品质**是你内在的东西，是天生具有的品质，反映了你的个性。随着你获得经验，这些天赋也能够得到逐步的开发。表21–2提供了在评价你自己与工作描述之间的适合程度时要考虑的相关个人品质的列表。

大学就业指导机构可能会提供一系列的个性测试，帮助你了解自己与潜在职业之间的关系。

雇主们会寻找你在学习、假期工作和课外活动中展示了这些技能和个人品质的证据，尤其是关于批判性思维技能的，表21–3展示了有代表性的技能、大学经历和职业活动之间可能的匹配程度。跟踪你的专长发展的方法之一是参加个人发展计划。这个过程旨在帮助你记录你的成就和经验；进行自我评估；分析你的目标和未来职业规划。

运用表21–2，在“评级”类中给你自己进行打分。你可以咨询朋友或家人的观点。给相当的数字画圈，这里1=并非优势；3=发展良好；5=发展高度良好。如果你不确定某个词的意思，那么要查字典——理解这些词或许对于申请工作和面试有价值。你能展示什么证据来证实你的说法？

表 21–2 评估你的个人品质

我的个人品质	评级	我的个人品质	评级
适应性	1|2|3|4|5	毅力	1|2|3|4|5
危机管理	1|2|3|4|5	个人健康和保健	1|2|3|4|5
决心	1|2|3|4|5	做事有前瞻性	1|2|3|4|5
精力	1|2|3|4|5	理解他人的观点	1|2|3|4|5
热情	1|2|3|4|5	自律	1|2|3|4|5
灵活性	1|2|3|4|5	目的感	1|2|3|4|5
诚实	1|2|3|4|5	持久力 / 韧性	1|2|3|4|5
创新	1|2|3|4|5	主动	1|2|3|4|5
正直	1|2|3|4|5	彻底	1|2|3|4|5
领导力	1|2|3|4|5	宽容	1|2|3|4|5
动机	1|2|3|4|5	接受挑战	1|2|3|4|5
耐心	1|2|3|4|5	其他（具体说明）	1|2|3|4|5

表 21–3 如何把思维技能映射到职业环境

思维技能（和相关章节）	相关的典型大学活动或经历	相关的职业活动的例子
批判性思维（第 2 章）	分析一个复杂的学术课题	分析产品线或供应链中的问题
反思性思维（第 3 章）	分析你对某个学习场景的反应	思考你的活动在工作中可能如何影响其他人
创造性思维（第 4 章）	为设计海报想出一个创意	帮助设计和营销新产品
得出一个观点（第 5 章）	为辅导课或撰写论文做准备	在个案会议上展示一种观点
支持或反对一个论点（第 6 章）	参加辅导课或委员会	对一个专业会议或业务会议做展示

续前表

思维技能（和相关章节）	相关的典型大学活动或经历	相关的职业活动的例子
解读数据（第 7 章）	分析项目研究的已发表结果和报告	查看商业案例
决策和工作计划（第 8 章）	完成学术项目	完成与工作有关的项目
团队合作（第 9 章）	团队项目研究	几乎所有的职业和商业活动

求职时的沟通技能

找到合适的工作绝非容易的事，但是这里假设，在大学就业指导机构的帮助下，你已经选定了一项职业，找到了一个空缺的职位，并准备申请。

成功的求职，首先来自申请真正适合你的职位，其次来自以有效的方式展示你胜任这个职位。这意味着你需要留意并创造机会使人接受有关你自己的重要讯息。

以下是展示你胜任某个职位的重要方法：

- 为职位量身定做简历，以便清晰地展示你拥有该职位必需的资格和能力；
- 在个人简历和个人陈述中提供证据；
- 如果你被选中参加面试，要好好利用面试机会。

定义

Curriculum vitae（个人简历）是一个拉丁词语，意思是“你的生活已经经历过的历程”，这个词经常被简写为 CV。个人简历是对于你的职业生涯历史和迄今所取得的成就的书面总结。

如何展示关于技能和品质的证据

对这个问题最好的回答或许是一些例子。

1. 如果某项工作要求有信息收集和批判性思维技能，你可以通过介绍自己的一项研究练习（批判性地审视一篇研究论文）来展示这些技能，因为这其中涉及揭示行话的含义以及追踪该作者的其他相关作品。

2. 如果工作描述中说明重要的是持久力、动机、自律、团队配合和领导力，你可以介绍自己在课外活动中如何展示了这些品质，例如，参加爱丁堡公爵奖励计划、参加团体运动项目的比赛或者在兼职工作中执行监督职责。

3. 如果某个岗位要求有创造力和原创性，你可以通过作业中的数字情绪板的构思来展示相关的技能，你要解释你是如何将最初的想法转化成最终通过评估的作品。

视你的经历和具体的工作要求而定，你可以提供其他可能存在类似关联的事例。

你的个人简历

简历的主要目的是简洁地传达你所拥有的、可能使得你适合某个工作的资质、经验或技能。你的简历可能是潜在雇主将会浏览的许多份简历中的一份，他们对你的简历注意力可能只有几秒钟，你需要在这几秒钟内给他们留下好印象，因此简历的呈现是很重要的。尽管你的简历（见表 21–4）中必不可少的元素或许不会因为你要申请的工作而改变，但是你应当调整你的“核心”版本，以便适合岗位的要求（通常在工作描述中可以找到岗位要求）。

求职表和求职信

在填写求职表时，你应当利用每个机会展示工作要求与你的资质、经验、品质和技能以及你的职业热情非常契合。你的求职信是给潜在雇主留下印象的额外机会。与简历一样，你的求职信应当有很好的呈现，并且没有错误。要使用正式的商业信函的格式和文体。求职信的内容应当包括如下信息：

- 你要申请职位的名称及其参考编号；
- 你觉得自己拥有的关键资质、经验、品质和技能；
- 如果可能，写明你的简历与工作要求之间的具体联系；
- 提及你对这项工作的认同和热情；
- 你的职业目标以及你希望从这项工作中获得什么；
- 你的联系方式详情（通信地址、电子邮件地址和电话号码）。

面试

被列入一个岗位的最终候选人名单已经足够困难，但是许多人发现随后的面试阶段更加富有挑战。这个经历非常真实地考验你的思维技巧。除了你需要回答难以回答的和未知的问题，能否获得一个梦寐以求的岗位将取决于你的现场表现，为此感到紧张很正常。

表 21–4　一份典型的个人简历的元素

元素	通常的内容
1. 个人详情 姓名和联系方式详情	你的全名和地址、联系电话以及电子邮件。你不必把性别或年龄包括在内

续前表

元素	通常的内容
2. 简况 职业规划；职业目标；个人简介	你的职业规划总结。你希望雇主聚焦的目标和抱负
3. 教育程度 资质；教育程度和资质	你已经获得的资质，包括近期即将获得的资质。目前的资质放在前面，然后追溯既往。陈述教育机构、就学的年份以及获得资质的年份。如有需要，可以提供更多详情，例如专业课程
4. 工作经历 就业	过去的和当前的工作经历详情（有薪工作和志愿工作），包括日期、雇主名称和职位名称。你在工作中承担的主要职责，应当按照反向时间序列呈现，即从现在到过去
5. 技能和个人品质 技能和成就；技能和工作能力	显示你的技能与工作描述之间的匹配。这里你可能需要提及例子和证据
6. 兴趣和活动 兴趣；休闲活动	这是一个展示你的性格的机会，比如你会成为一个有趣和热心的同事。雇主们往往运用这一部分简历来构建对于你的个人形象；然而，他们也会通过这部分规避在他们看来显得稀奇古怪的人。而且，如果过度强调这一部分，雇主们可能认为你更加重视社交生活，而不是学习。要选择能展示你的性格中有潜在价值的兴趣，例如团队体育活动能展示你的团队协作能力
7. 推荐人 证明人	在这里提供同意为你提供证明的人的姓名和联系方式（要确保你已经征得他们同意）。

为面试做准备的方法有以下几点：

- 对相关公司和机构以及可能出现在面试委员会中的人进行研究；
- 思考你能够以哪些方式展示自己具备执行有关岗位职责的能力；
- 如果这项工作是专业的或者技术性的，要温习有关的理论、技术、惯例和法律；

- 记下你可能有的关于该机构和岗位的问题；
- 确保你已经排练了一些常见面试问题的回答。

一些常见的面试问题

这些问题可能被包含在微妙的措辞中，或者明确地与该机构和工作描述有关：

- 什么吸引你应聘这个岗位?
- 什么使你认为自己是这项工作的合适人选?
- 你的学历及/或工作经历为应对这项工作的挑战做了怎样的准备?
- 关于（一项具体技能）你能提供什么证据?
- 请告诉我你做某事情的经历。
- 告诉我你（在一项业务爱好或消遣中）的兴趣。
- 你的优势是什么?
- 你的劣势是什么?
- 如果你担任这个职务，如下的……情境发生了，你会做什么?
- 你认为你的职业生涯在这里会怎样发展?
- 你能告诉我关于……（与这个职位有关的技术、程序与立法）的事情吗?
- 如果给你这份工作，你什么时候能够到岗?
- 看似即兴的问题，例如“你的办公桌收拾得整齐吗？”
- 如果给你这个工作，你会接受吗？如果接受了，你期望怎样的薪酬?
- 你预计自己 5 年 /10 年 /15 年之后在哪里?
- 你有什么问题要问我们吗?

在真正参加面试时，你要聚焦于如下内容：

- 当你被介绍给面试委员会时，要面带微笑，在适当的时候，要有力而自信地与人握手；
- 身体要自信和放松，不要坐立不安；
- 细心倾听并思考每一个问题，然后认真回答；
- 回答问题时，口齿清晰，与面试人员偶尔有眼神接触；
- 努力对所有的问题持正面立场，尽量利用机会来提及相关的技能和经验；
- 要真诚，决不要闲扯；
- 记得面试是一个双向的过程，要准备好对话和提问题。

职业规划

◎ **及时更新你的个人简历。**当你申请一个职位时，总是需要准备一份专业水准的个人简历。从零开始制作简历很耗费时间，而且，很容易遗漏你需要呈现的精确细节。首先创建一份包括所有相关细节的通用版个人简历，那么为你所申请的职位量身打造个人简历将会容易很多。起草个人简历时，将自己放在雇主的位置，按照潜在雇主的角度审视你自己，可以帮助你准备与职位要求相关的活动，以便加深雇主对你的印象。

◎ **研究不同的个人简历模板和设计。**你可以在许多网站看到不同的设计和模板，选择你喜欢的。尽量让自己的设计有独创性，同时不怪癖。

◎ **与大学就业指导机构的顾问讨论你的个人简历草稿。**他们会乐意对你的个人简历草稿的结构和内容发表意见，并能够给出关于如何根据你的职业目标和职务范围来构建个人简历的建议。你应当这样做，即便你要拿的是有着标准进入途径的职业学位。这些专业对口不同的专项职业。如果你攻读这样的学位，你依然需要像攻读非职业学位一样地精通这些准备活动，并考察广泛的、潜在的工作机会。

◎ **力争进步。**上大学是独特的经历，你毕业时会跟你入学时判若两人。运用表 21–2 和表 21–3 来评估自己，以突显你在哪些活动中能获得最大益处。要认识到你的优势并充分发挥它。要认识到你的弱势领域并制定应对策略。

GO 现在就开始行动吧……

- **组织与个人简历相关的信息。**建立电子文件夹，在其中存储你生成的不同的个人简历版本和其他相关信息。这些信息将包括证书、文凭和你的作品实例，以及经过文字处理的文件。这些信息对你的未来非常重要，并应对电子文件进行适当备份。
- **为你的技能和品质提供证据。**找出哪些技能可能在你感兴趣的职业中是重要的。然后，写下能展示这些技能的领域以及你能够提供关于它们的额外证据。对于个人品质，同样如此。
- **与就业指导机构的职业顾问见面详谈。**尽管你对于未来的选择只有模糊的想法，但是职业顾问们富有经验，将会帮助你形成最终候选名单，并能够为你指出哪些工具能在这个过程中帮到你，例如个性测试。

北京阅想时代文化发展有限责任公司为中国人民大学出版社有限公司下属的商业新知事业部，致力于经管类优秀出版物（外版书为主）的策划及出版，主要涉及经济管理、金融、投资理财、心理学、成功励志、生活等出版领域，下设“阅想·商业”“阅想·财富”“阅想·新知”“阅想·心理”“阅想·生活”以及“阅想·人文”等多条产品线，致力于为国内商业人士提供涵盖先进、前沿的管理理念和思想的专业类图书和趋势类图书，同时也为满足商业人士的内心诉求，打造一系列提倡心理和生活健康的心理学图书和生活管理类图书。

《高效思考：成功思维训练法》

- 打破思维的壁垒，让你的每一次决策更加准确、有效；
- 对大脑进行科学训练，让你成为高智商人士；
- 借助分析性思考、提问式思考、综合思考、平行思考、创造性思考、水平思考等模式，使你的思维变得更具创造性，让你学会用强大的新方式思考和解决问题，同时带给你无限的创新机会。

《学会辩论：让你的观点站得住脚》

- 逻辑思维精品推荐；
- 无论是成功地进行口头和书面争辩，还是无懈可击地阐述自己的观点，并让他人心悦诚服地接受，背后都有严密的逻辑和科学方法做支撑；
- 只有掌握了本书所讲述的重要的辩论技巧和明智的劝服策略，才能不被他人的观点带跑、带偏，立足自我观点，妙笔生花、口吐莲花。

《理性思辨：如何在非理性世界里做一个理性思考者》

- 英国畅销哲普大师、畅销书《你以为你以为的就是你以为的吗？》作者朱利安·巴吉尼最新力作；
- 以一种更温和的理性去质疑和思辨，会更有力量，也更有价值。

《思辨与立场：生活中无处不在的批判性思维工具》

- 风靡全美的思维方法、国际公认的批判性思维权威大师的扛鼎之作；
- 带给你对人类思维最深刻的洞察和最佳思考。

《学会高效记忆：世界记忆冠军的刻意练习法》

- 工作记忆模型之父艾伦·巴德利鼎力推荐；
- 牛津学霸、前世界记忆冠军深度解锁超强记忆力的奥秘；
- 帮助你激发大脑记忆潜能，让学习效果轻松快速翻倍。